文庫ぎんが堂

あらすじとイラストでわかる

資本論

知的発見！探検隊

イースト・プレス

まえがき

今こそ『資本論』が必要な世の中だ！

歴史や国を動かす予言書？

90年代以降、長らくゼロ金利状態が続いていた日本は、世界の資本家たちにとって絶好の借り入れ先だった。みんな日本からお金を借りて金利の高いところへ投資していた。つまり海外の資本家たちは日本から借りた円を、ドルやユーロに変えて運用していたのだ。それによって円安が進み、日本の輸出産業は大儲け。

それが２００８年9月、アメリカの大手証券会社リーマン・ブラザーズが経営破綻したことをきっかけに、世界を巻き込んだ金融危機が起きた。俗にいうリーマン・ショックだ。ここから一気に不況の波は加速する。

もちろん日本も例外ではない。資本家たちは次々と投資資金を引き上げ出した。

そのため今度は逆にドルやユーロを円に変える動きが活発化した。円高の始まりだ。こうして輸出産業は大打撃。世界のトヨタですら赤字を出したくらいだ。

不況の波を受けたのは輸出産業だけではない。この影響によって、多くの労働者たちが道具のように使い捨てられる時代がやってくる。給料カットは当たり前、リストラや派遣切りを行なう企業がどんどん増え始めた。アメリカで起きた金融危機は、もはや対岸の火事ではなくなり、世界中に影響が出るようになった。

さて、本書は『資本論』の解説書だが、なぜ冒頭でこんな話を出したのか。

資本という目に見えない怪物によって引き起こされたこの一連の騒動は、じつは150年ほど前のドイツの思想家カール・マルクスが、『資本論』のなかですでに書いていたことなのだ。

「そんな昔の本に今の時代のことが書いているはずはない」と思う方も大勢いるかもしれないが、これは歴史も証明している事実。これまで多くの人々が、予言ともいえるその内容に驚いている。

もちろん刊行時からマルクスの『資本論』は全面的に支持されていたわけではなかった。ただし、資本主義社会で起こる問題がマルクスの指摘どおり、次々と当てはまっていく。だからこそ、「恐慌を起こす資本主義社会は世界を滅ぼす体制だ」という人がどんどん現われ、世界中のいたるところで共産主義運動が加速する。中国やロシア帝国で起きた社会主義の革命も、もとをたどれば『資本論』があったからこそだ。

すなわち『資本論』とはただの理論書に留まらない。国や歴史すらも動かしてきたということができる。

労働者を救うために執筆した

それほどまでに世界に影響を与える『資本論』とはどのような書物なのか。

簡単にいえば、マルクスが資本主義社会の形態を徹底的に分析して暴き、問題点を見つけ出すことで、その社会を批判している本だ。

その分析は見事のひとことに尽きる。現代社会の経済問題にも当てはめることができる点を見ても明らかだろう。さらにいってしまえば、マルクスが問題提起してからおよそ150年間、本質的な部分では資本主義社会の体制はさほど変化していないということになる。

マルクスが『資本論』を書いたのは、イギリス滞在時の19世紀半ば。当時のイギリスは、最も資本主義経済が進んでいた国だった。そこでマルクスが見てきたものは、資本家に搾取され、使い捨てられるといった労働者たちの悲惨な姿。彼らはまさに資本主義社会が生んだ奴隷のような状態だった。

そんなイギリスにも資本主義体制を分析する経済学者たちがいたが、彼らは資本主義の経済法則を研究するばかりで、搾取され続ける労働者たちを救おうとはしなかった。だからこそマルクスはそこにメスを入れたというわけだ。

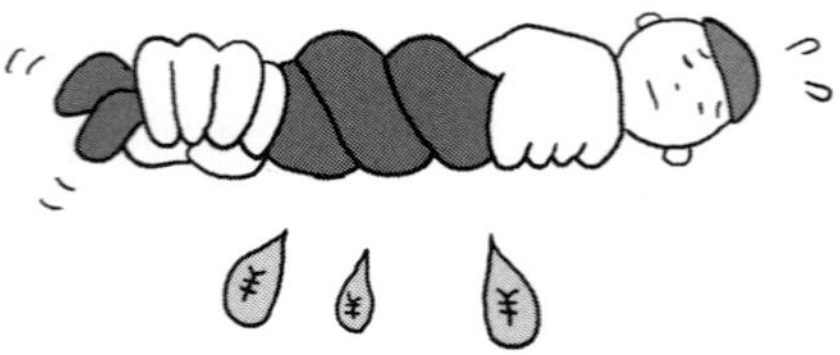

マルクスの武器は経済学者としての知識だけではない。哲学者ヘーゲル仕込みの弁証法哲学、文学的知識、宗教学的知識など、さまざまな知識を総動員したうえで、資本主義社会を賞賛する経済学者たちに立ち向かった。資本主義体制を批判して、搾取されるばかりの労働者を救うために、人生の大半をかけて『資本論』という大著を執筆したのだ。

超難解な原著を読み解こう

マルクスが長い年月をかけて執筆した『資本論』は、膨大な量になっている。1巻だけでも分厚い書物なのに、全3巻で構成されている。そのうちマルクス本人が書いたのは1巻部分だけ。そこで彼は志半ばにして亡くなってしまう。残りの2巻と3巻は、友人の編集者、フリー

ドリヒ・エンゲルスがマルクスの残した草案をもとに書き起こしたものだ。

前述のとおり、マルクスは弁証法などを駆使しながら誰もやってこなかった方法で、資本主義体制を批判している。そのため『資本論』の原著は非常に難解。世界に巻き起こった不況の波の影響で、現在もあらためて『資本論』の重要性が見直されているのだが、話があちこちに飛ぶので、これから社会に出る学生や通勤途中のサラリーマンが軽い気持ちで読んでも、内容はなかなか頭に入ってこないだろう。

だからこそ本書では、『資本論』に書かれていることを「あらすじ」と「読み解き」に分けて、できるだけわかりやすくまとめた。あらすじは『資本論』の原著に沿って、マルクスがいいたい部分の要点をまとめている。読み解きはその解説だ。この本でマルクス経済学が完全に理解できるというわけではないが、『資本論』にはいったいどういうことが書かれているのかは、ざっくりと理

解できるはずだ。

マルクスは資本主義体制を批判するために『資本論』を書いたわけだが、その細部までていねいに分析されているので、今一度資本主義社会が抱えている問題を理解するにはもってこいだ。マルクスが『資本論』をいちばん読んでほしかったのは、資本主義体制で働く労働者たちだ。だからこそマルクスはこういっている。

「ここで報告しているのは、あなたのことだ」

またこうもいっている。

「私はむろん、何か新しいことを学び、したがってまた、自分で考えようと志す読者を想定しているのである」

そんな『資本論』を要約したこの本で、改めて資本主義体制の形態とそれが抱える問題点を考えるきっかけにしてほしい。

あらすじとイラストでわかる資本論　もくじ

まえがき
今こそ『資本論』が必要な世の中だ！……3

Part.1
マルクスの生涯、および『資本論』と現代社会

後に全世界を震撼させる大巨人の誕生……16
資本主義社会に疑問を抱き始めた学生時代……18
記者になったマルクスはジャーナリストの才能を発揮……20
職を失っても、社会活動家の魂は健在！……22
本格的に『資本論』執筆を始める……24
資本を増やし続けた08年の金融業崩壊を予言！……26
増え続ける派遣切りと広がる格差社会を予言！……28
いつの時代も女性労働者は泣きをみると予言！……30
資本主義社会ではいつかかならず恐慌が訪れると予言！……32

Part.2
『資本論』を読み解く！

やっぱり読み解くのは難しいの？……36
これから資本主義を斬っていく前の心構え……38

第1篇
商品と貨幣

商品が商品としてあるために必要なものとは？……42
商品には「使用価値」と「価値」という2種類の価値が存在する……44
商品生産で現われる労働の2つの顔とは？……46
価値と同じく、労働も2種類ある……48
商品の価値はなぜお金で計るようになったの？……50
商品の価値を貨幣で計るための証明図式……52
商品が価値をもって動き回る!?……54
貨幣の登場で商品の価値はさらに不思議なものに……56
どうして貨幣は金や銀になるのか？……58
金属が商品の価値を表わすのにピッタリな3つの理由……60
商品の価格が価値を計る基準？……62
貨幣で表わされる価格と価値はぜんぜん別ものだ……64
お金がもつ取引での役割って？……66
商品から貨幣、貨幣から商品へと移り変わる市場……68
どうして金の価値がなくならないの？……70
貨幣に潜む経済麻痺の可能性と資本への出発点……72

第2篇
貨幣の資本への転化

貨幣と資本の違いって何？……76
単なるお金が資本に変わるしくみ……78
商品の交換は等価交換だったはずでは？……80
等価交換をしていても剰余価値が生まれる矛盾……82
労働と労働力ってどう違うの？……84
資本を生み出しているのは人間の労働力という商品！……86

第3篇
絶対的剰余価値の生産

労働の性質は昔と今とでは違うの？……90
商品にプラスαの値打ちをつける生産過程のカラクリ……92
資本は変わる部分と変わらない部分がある？……94
新たな商品の価値と機械や原材料の価値との関係……96

労働者はどれぐらいしぼり取られているの？ …… 98
労働者が資本に搾取されている割合の計算式 …… 100
利益率と剰余価値率ってどう違うの？ …… 102
12時間働かないと投資額が回収できないという説の誤解 …… 104
労働者はどれくらい資本家にこき使われる？ …… 106
労働者は資本家のためにこき使われている …… 108
子供も過酷な労働をしていたの？ …… 110
労働者を奴隷として見ている資本家たち …… 112
労働者はどのようにみずからを守ったか？ …… 114
奴隷のような生活から抜け出すために戦った労働者たち …… 116
儲けの「額」をとことん大きくするには？ …… 118
労働時間を長くしなくても資本家が儲ける方法がある …… 120

第4篇 相対的剰余価値の生産

生産力が高まると、労働の価値が下がる!? …… 124
労働時間を短縮することで儲けにつながる …… 126
労働者が集まると何が変わるの？ …… 128
生産力を増大させるには一緒に働くことがいちばん …… 130
資本主義は分業体制でどう変わったの？ …… 132
能力をもった労働者が社会の歯車になっていく過程 …… 134
なぜ分業で労働者は犠牲になるの？ …… 136
機械がますますもてはやされ、労働者は部品扱いされる …… 138
機械が進歩すれば労働はラクになるのでは？ …… 140
時代はマニュファクチャから機械制大工業へ …… 142
工場で労働者はどれだけ悲惨なの？ …… 144
機械制工業は利益だけでなく失業者も増やしていく …… 146
大工業が広まったら労働者はどうなる？ …… 148
機械は労働者を犠牲にして社会に変革を巻き起こす …… 150

第5篇 絶対的剰余価値と相対的剰余価値の生産

資本主義社会で「生産的」って何？……154
資本をふくらませる価値の増大だけが「生産的」……156
労働時間と労働力と生産力の関係って何？……158
資本家は利益を生み出しても労働者の給料をアップしない……160
剰余価値をもっとわかりやすくいうと？……162
正しい剰余価値率の算出方法を知ろう……164

第6篇 労働賃金

労働者の賃金は労働の値段なのでは？……168
労働力の価値と労働の価値を同じだと考えるのは危険！……170
日給や月給でも不払いがあるの？……172
給料を時給におき換えると悲惨な状況が見えてくる！……174
出来高払いなら搾取されないのでは？……176
出来高払いにしても結局資本家が得をする……178
先進国のほうが給料がいいのはなぜ？……180
給料が高い国ほどしぼり取られる量も多い……182

第7篇 資本の蓄積過程

資本が回転するってどういうこと？……186
再生産をくり返せば資本主義生産体制が固まる……188
資本の増殖が本格化したきっかけは何？……190
拡大再生産はどんどん資本を増やしていく！……192
なぜ資本家はそんなに資本を大きくしたいの？……194
資本家は利益を得るためなら何でもする……196
資本が大きくなると労働者はどうなるの？……198
成長した資本家は資本家同士の戦いを起こしていく……200

資本主義が発展すると なぜ失業者が増えるの？ …… 202
発展した資本主義の社会は失業者をどんどん増やす！…… 204
失業者たちはどんどん落ちぶれていく？ …… 206
資本主義社会の成長とともに苦しんだ労働者の実情！…… 208
資本主義の始まりはどのような感じ？ …… 210
資本主義社会は暴力の歴史の上に成り立っている！…… 212
国家は資本家にどうふるまったの？ …… 214
国も資本家の味方？ 労働者を血まみれにした歴史！…… 216
資本主義の未来には何が待っているの？ …… 218
増えていった労働者はやがて生産手段を奪い返す …… 220
新大陸アメリカではどうだったの？ …… 222
貧乏な労働者をつくらないと資本主義は始まらない …… 224

その後の『資本論』

マルクス死後も、どうやって『資本論』はできたの？ …… 228
マルクスが残したメモ書きを元に編集された本 …… 230
資本は社会全体で どのように流通しているの？ …… 232
市場を流れる資本は資本主義社会の血液そのもの！…… 234
最終巻の第3巻はどうやってできたの？ …… 236
苦心の末に刊行された最終巻は マルクス学派なら納得の内容！…… 238
利潤を転がす 資本主義は労働者も転がしている！ …… 240
資本主義が発展するほど利潤率が下がっていく …… 242

＊本書で使用した『資本論』からの引用部分は、向坂逸郎訳・岩波文庫版に寄らせていただきました。

Part.1

マルクスの生涯、および『資本論』と現代社会

世界中の文学にまみれた少年時代

後に全世界を震撼させる大巨人の誕生

評価が割れる『資本論』の著者

歴史の教科書にも登場し、誰もが一度はその名を耳にしたことがあるカール・マルクス。彼はいったい何者なのか。「社会主義の父」「人類の救世主」「経済学の大巨人」と呼ばれるいっぽう、別のところでは「悪魔主義者」「経済思想の地下世界からやってきた変人」などと呼ばれたりもしている。こうも評価が相反する人物はめずらしい。これはマルクスを支持する人と、批判する人の差が大きいことを意味する。その評価の最大の分かれどころは、彼の書いた『資本論』にあるといってもいいだろう。

マルクスは哲学者でもあり革命家でもあり、何より経済学者だった。その生涯でたくさんの著書を残したが、すべては『資本論』に集約されている。マルクスの生涯は『資本論』を書くために費やされたといっても過言ではない。

そんなマルクスの生涯を追ってみよう。

その土台はキリスト教と文学

カール・マルクスは、1818年5月、今のドイツにあたるプロイセン王国のフランス国境に近いトリーアという町で生まれた。マルクスの家族はユダヤ人一家で、代々ユダヤ教のラビ（指導者）を務める家系だった。父親のハインリヒは弁護士で、マルクスが生まれる前にプロテスタントに改宗している。その影響でマルクスも6歳の時点でプロテスタントの洗礼を受けた。

このようにマルクスは幼いころからユダヤ教、キリスト教に触れてきたためか、『資本論』には『旧約聖書』や『新約聖書』からの引用がちらほら見られる。

またマルクスはダンテのような宗教文学から、シェイクスピア、ソフォクレスといった戯曲やギリシア文学までも愛読していた文学少年だった。このころから文才とロマンチックな側面が培われ、後に結婚するイェニー宛に『愛の本』『リートの本』という自作の詩集を贈っている。

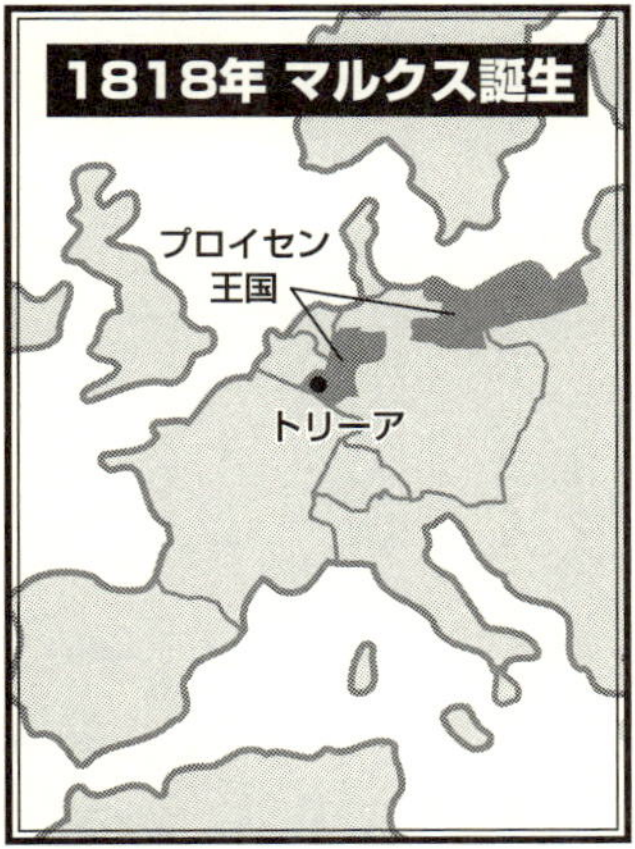

正義感を芽生えさせた青年期

資本主義社会に疑問を抱き始めた学生時代

世の中全体のために働く！

1830年、12歳のマルクスは、トリーアにある名門ギムナジウム（ヨーロッパの中等教育機関）に入学する。ここを卒業する際に書いた論文のタイトルは、『職業の選択に際しての一青年の考察』。その中でマルクスは、「人間は自分のためだけに生きるのではなく、人々の幸福と世の中全体のために働いてこそ、自分自身を完成することができる」ということを書いた。後に見られるマルクスの正義感は、このときからすでに形成されている。

このころ、マルクスが見ていた資本主義社会は悲惨な状況で、労働者たちは資本家にこき使われているといっても過言ではなかった。だからこそマルクスは「人々の幸福」と「世の中全体」のために働くことの大切さを説いたのだ。

そのため、資本主義の分析ばかりで、労

働者が搾取《さくしゅ》されている現実を直視せず、しかも社会に何も働きかけない経済学者たちの姿勢を軽蔑していたのだろう。

大学で弁証法に出会う

そしてマルクスは17歳のころ、ドイツのボン大学に入学。このとき姉の友人で、ロマンチック味にあふれる詩集を贈った女性、イェニーと婚約している。翌年、彼はベルリン大学へ転学し、哲学者ヘーゲルに代表される弁証法哲学に出会った。この出会いこそが、マルクスの哲学的教養に磨きをかけた。

弁証法とは『資本論』でも使われている哲学的考察の一手法だ。使う哲学者によって内容が少しずつ異なるのだが、マルクスの弁証法は簡単にいえばこうだ。打ち立てた説の中で矛盾を発見し、それを突き詰めると逆に次の段階へいけるというもの。資本主義社会の中に出てきた矛盾が高まって崩壊すると、次の理想的な段階・社会主義へ移行する。だからとりあえずは資本主義社会を発展させるしかない、というものだ。

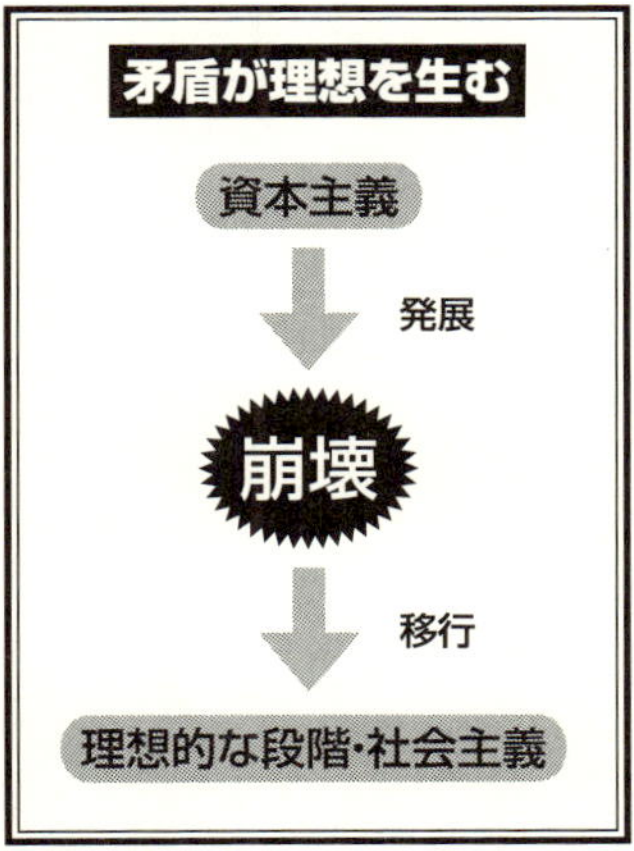

大巨人となる若者、世に出る

記者になったマルクスはジャーナリストの才能を発揮

親友エンゲルスとの出会い

1841年、マルクスはベルリン大学からイエナ大学へ転学し、学位請求論文を提出した。そのタイトルは『デモクリトスとエピクロスの自然哲学の差異』。2人のギリシア哲学者の違いを考察したその論文で、マルクスは哲学博士の学位を取得する。

翌年の1842年、マルクス24歳。学生時代も終わって就職するときがやってきた。マルクスが就職したのは、ドイツのケルンで創刊された『ライン新聞』を発行する新聞社だった。

仕事内容はもちろん営業ではなくて記事を書くこと。思ったことを黙っていられないタイプのマルクスには、ぴったりの仕事だった。その仕事が評価され、就職後わずか半年で編集長に就任。『ライン新聞』のメイン記者としても活躍を続けた。

このころ、マルクスは後に親友となり、

生涯のパートナーになるフリードリヒ・エンゲルスと出会う。2人は資本主義に関する考え方が一致したこともあって、頻繁に連絡を取り合うようになっていった。

皇帝をも震撼させた批判攻撃

エンゲルスとの出会いがマルクスに刺激を与えたのか、彼が『ライン新聞』に書く内容は、政治的によりいっそう攻撃的な主張を強めていった。『資本論』でもその攻撃性が垣間見えるが、マルクスは自分がおかしいと思ったことについては、徹底的に批判する。そうして敵をつくりまくったマルクスだが、いっぽうでその影響力は次第に高まっていく。

マルクスの批判の矛先はロシア政府にも向けられた。そうはいっても相手は大国だ。たかがいちジャーナリストの批判など、普通なら相手にしない。しかしロシアのニコライI世は、マルクスの的確な攻撃に恐れをなしたのか、新聞社に圧力をかけてきた。その結果、『ライン新聞』はあえなく廃刊。マルクスは職を失うことになった。

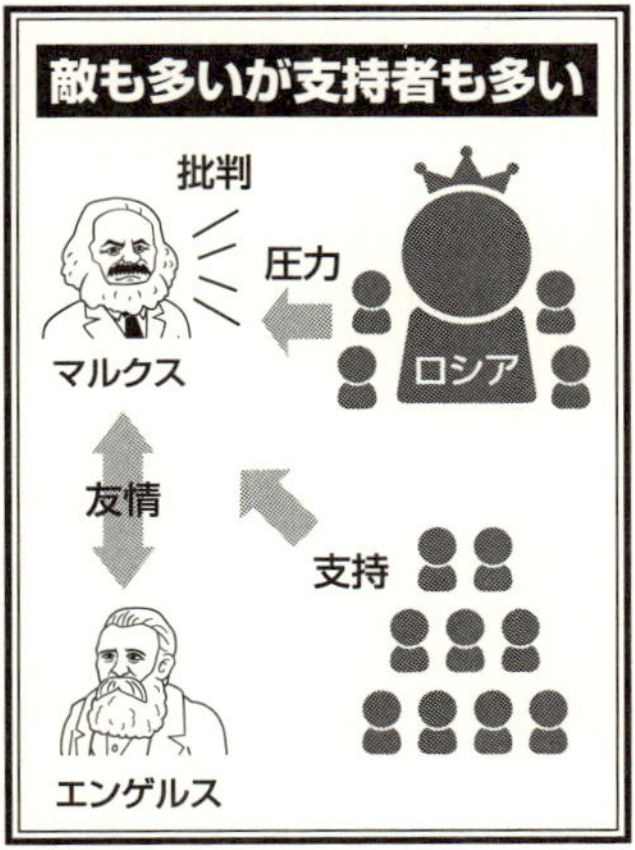

万国のプロレタリアートよ、団結せよ

職を失っても、社会活動家の魂は健在！

ハイネも参加した雑誌を刊行

1843年3月に職を失ったマルクスだが、同年6月、25歳のときに、学生時代から結婚を前提に交際していたイェニーと結婚する。同年11月、マルクスは活動の拠点をドイツからフランスのパリへ移す。当時のフランスは、社会主義者の本拠地だった。ここでは哲学的な議論よりも、実践的な活動が重視された。マルクスは、『ライン新聞』の記者時代よりもさらに過激な社会活動家として、政治批判を続けた。

このときマルクスは『独仏年誌』という雑誌を出版する。その雑誌は、マルクスが大学時代に出会ったヘーゲルなどに代表されるドイツ哲学と、フランス社会主義の思想を合体させようとする内容だった。この刊行にはマルクスがパリで出会った詩人のハインリヒ・ハイネや、エンゲルスも参加している。ここでマルクスは、当時最先端

だった古典派経済学を批判する論文を寄稿した。これが後に本格的に経済学研究の道へ進むきっかけとなる。

社会主義運動のために奔走

政治批判を中心としたマルクスの革命家的な活動は、どこにいても敵をつくるもので、『独仏年誌』も創刊から2号目で廃刊に追いやられた。さらに1845年1月、フランス政府からとうとう国外追放を命じられる。そしてマルクスは活動拠点をベルギーの首都ブリュッセルに移した。

そこでマルクスは、彼についてきたエンゲルスとともにヨーロッパ中の社会主義運動を団結させることを目的として、共産主義通信委員会を設立。1847年にはロンドンで設立された共産主義者同盟の支部となる。1848年、同盟の第1回大会用パンフレットとして書いたのが、「万国のプロレタリアートよ、団結せよ」という呼びかけで知られる『共産党宣言』だ。これによって、今度はベルギーからも追放されることになる。

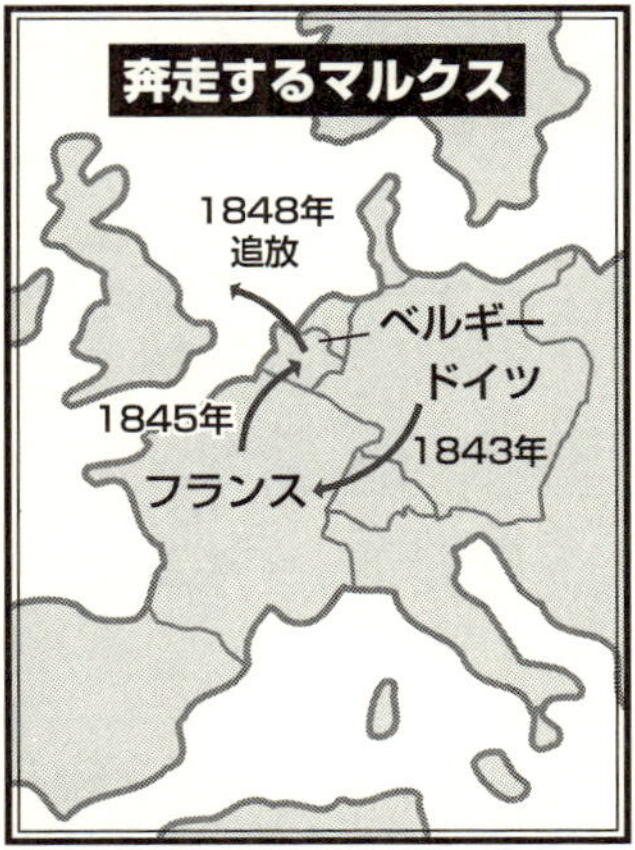

集大成にすべてをかけた晩年

本格的に『資本論』執筆を始める

イギリスで経済学研究に没頭

ヨーロッパ各国を追放され続けたマルクスは、イギリスにある父親の会社で経営に携わることになったエンゲルスから誘いを受けて、1849年8月、ロンドンへ亡命することにした。ここからマルクスは、経済学の研究を本格的に始める。大英図書館に毎日のように通い続けて、1日8時間も膨大な書物を読みあさり、ノートにメモを取っていった。その研究の成果として出版されたのが、『経済学批判』。『資本論』『共産党宣言』と並ぶマルクスの3大著書として有名だ。これは1859年に出版された。

経済学を研究すればするほど、新しい課題が見つかってくる。当初『経済学批判』は全6巻になる予定だったが、急遽予定を変更し、第2巻以降を『資本論』として、全4部構成にした。そのため『資本論』の副題は「経済学批判」となっている。

第2巻の完成目前で逝去

毎日のように図書館に通い詰め出すと、生活は貧しいものになっていった。会社経営をしていたエンゲルスから援助金を出してもらっていた。それでも貧乏なのは変わらない。死んでしまった子供の棺代を人から借りるくらいだった。

精神的に参っていたことと、経済学の研究が難航したこともあって、『資本論』の刊行は大幅に遅れた。『資本論』の前身となる『経済学批判』が刊行されて7年後の1866年、ようやく第1巻が清書できる段階になったという。ずっと援助金を出し続けてきたエンゲルスもしびれを切らして、マルクスに詰め寄ることもあった。そしてとうとう1867年『資本論』の第1巻が完成する。それはエンゲルスも納得できるだけの内容だった。

続いて第2巻の執筆に取りかかるが、1883年、完成を目前にして亡くなってしまう。その最期までイスに座ったままだったという。

マルクスの3大著書

①『共産党宣言』1848年刊行

共産主義者同盟の第1回大会用に書いた原稿を本にしたもの。

②『経済学批判』1859年刊行

商品と貨幣の学説史を交え、近代経済学について述べた。

③『資本論』1867年刊行

資本主義経済を分析し、その「搾取《さくしゅ》」のシステムを明らかにした名著。

リーマン・ショックは予言されていた?

資本を増やし続けた08年の金融業崩壊を予言!

リーマン・ショックとは何か?

2008年9月、アメリカの大手証券会社リーマン・ブラザーズが経営破綻した。その影響は予想以上に大きく、世界中でもはや金融危機どころか世界恐慌といってもいいレベルの大惨事となった。いわゆるリーマン・ショックだ。

リーマン・ショックのきっかけは、サブプライムローン問題にある。いわゆる返済能力が低い客層をねらった住宅専門のローン商品だ。当初は住宅価格が上昇していたため、ローンの返済が止まったら、貸した側は担保の住宅や土地を取り上げて競売にかけることで逆に儲かるとまで考えていた。

このときリーマン・ブラザーズのような金融機関は、ローン会社から債権を買い集めていた。やがてローンを返せない人が増え始めたが、住宅価格が下がってしまっていたため、集めた債権も回収できなくなっ

ていた。そうしてとうとう、リーマン・ブラザーズは崩壊してしまう。

お金の性質から恐慌が起こる

マルクスは恐慌の原因をズバリ指摘している。それは貨幣、つまりお金だ、と。お金があることで、人びとは、借金することができる。もしお金がなくて、物々交換をメインとする社会だとすると、あるものを得るかわりに、その場で別のものを出さなければならない。

またマルクスは、商品の価値と価格は別だといっている。つまりある商品の価格は価値が変わらないのに極端に値上がりしたり、値下がりしたりする。これがバブルと恐慌を引き起こすことにもなる。

しかもお金というのは金属の貨幣でなくてもよい。単に数字が示されればいい。だから、実際に私たちは紙のお金を使っている。そのようにしてサブプライムローンのように、実際に何の価値もないものから、数字だけが一人歩きして、大きく膨らんでは、はじけたりするのだ。

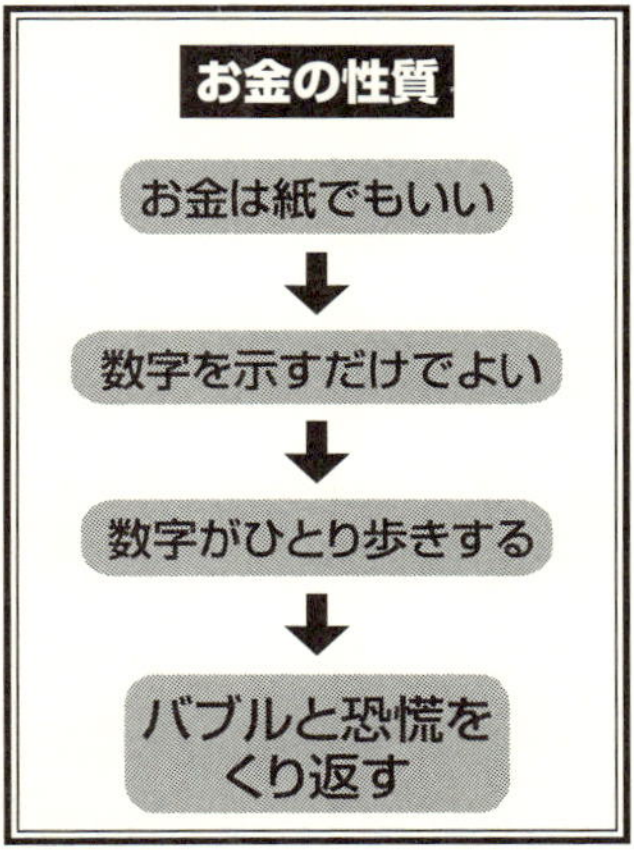

お金の性質
お金は紙でもいい
数字を示すだけでよい
数字がひとり歩きする
バブルと恐慌をくり返す

機械に職を奪われる労働者が続出

増え続ける派遣切りと広がる格差社会を予言！

機械に代わられる労働者たち

特殊な技術を必要とせず、誰でもできる仕事を単純労働という。『資本論』には、その単純労働を行なう労働者が増えていく原因が書かれている。

まずはそちらを紹介しよう。

かつての時計生産者は、ひとりで文字盤をつくったり、バネをつくったりと、34ほどの工程を踏んでひとつの時計をつくっていた。しかし資本主義社会は効率よく時計を大量生産するために、それらの工程を34人で分担した。

つまりバネだけをつくる人間、それを時計にはめ込むだけの人間、というように、みんなでそれぞれの部品をつくることにしたのだ。こうしてほとんどの労働者は単純労働のみをするようになった。

極めつけは機械の登場。以前は10人の男性が1日4万8000本の裁縫針を生産し

ていたのに対して、機械が導入されると、それを操作する女性ひとりがいるだけで1日60万本も生産できるようになった。

機械はどんどん高度化し、やがては操作も簡単になる。そうして誰でも操作できるようになってしまうのだ。

資本に都合がいい派遣労働者

技術はいらない。数もいらない。景気のいいときだけ誰でもできる単純作業をしてもらい、景気が悪くなるとお払い箱にできるような都合のいい労働者がほしい。マルクスは『資本論』の中で、やがて資本家がその考えに至ることを示している。

資本家にとって都合がいい労働者とは、今でいう派遣労働者のような人たちのことだ。しかも機械にとって代わられたことで、「単純労働しかできないが仕事はほしい」という労働者は増え続けているため、スペアはどんどん増えていく。

それに比例して、彼らを使う資本家は人件費が浮くので結果的に儲かる。こうして格差社会はどんどん進行していくのだ。

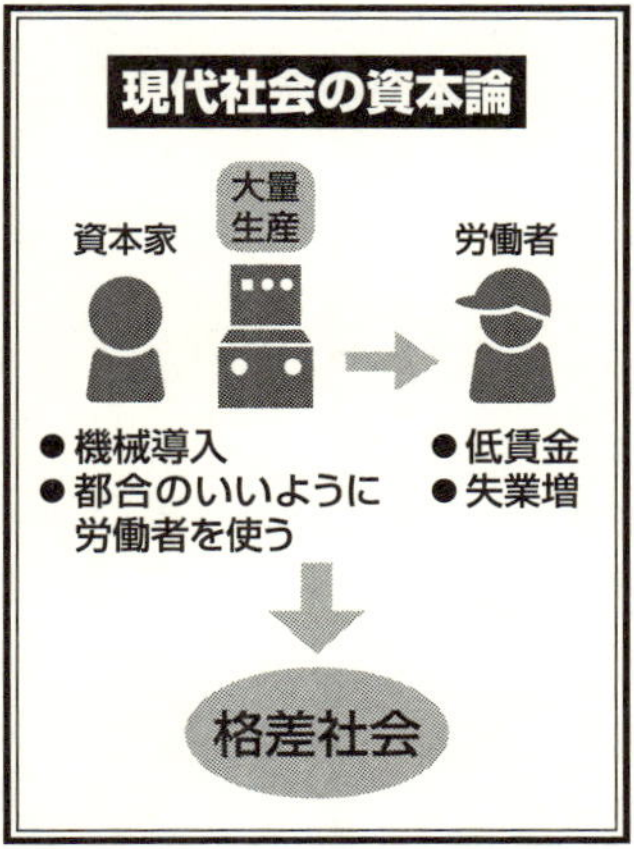

女工哀史は平成の時代でも続く

いつの時代も女性労働者は泣きをみると予言！

男性より扱いやすい女性たち

機械の登場によって、労働者は力のある男性ではなくてもいいようになると、女性が労働者として駆り立てられるようになる。かつて服飾工場で働いていたのは男性だったのだが、ミシンの登場によってほとんどが女性に替わられるようになった。その経緯も、『資本論』には書かれている。

マルクスはいつの時代でも女性や子供は、資本家からいいように扱われることを示している。男性だと反抗したりするが、女性は給料が安かったり労働時間が長かったりしても比較的従順だ。そのため人件費だって抑えられる。

かつて女性や子供が12時間を超える苛酷な労働をさせられながら、給料から多額をピンハネされてきた実態が『資本論』で生々しく描かれている。今でも東欧諸国からEU圏内にやってきて農業労働に従事している移民労働者たちは、安い給料でこき使われ、脅しやセクハラまで受けているという。

ＡＫＢ48が搾取《さくしゅ》されている？

さすがに日本でそれはない。働く女性は地位を得ているし、男性よりも稼ぐ人だっている。そう思っている方も多いだろう。

しかし今でも低賃金で長い労働時間を要求されている女性も大勢いるのが現実だ。例えば現在世間を騒がせているアイドルグループのＡＫＢ48。『週刊文春』では彼女たちの月収がわずか10万円だという暴露記事が掲載された。朝は始発で仕事に出かけ、夜は終電で帰ってくるという生活をほとんど休みなしで送っているのに、これでは少なすぎる。

また社員の研修制度を利用する企業もある。研修という名で長時間働かせて、安い給料しか払わない。保険に加入させることもない。悪質なところでは、研修が終わればそのままクビ宣告をする。姿形は変わっても、平成の時代にだっていいように使われている女性はたくさんいる。

バブルと恐慌は避けられない

資本主義社会ではいつか かならず恐慌が訪れると予言！

商品にお金が介入するから

歴史を見てもわかるように、バブルと恐慌はくり返し訪れるものだ。そこでマルクスはいう。バブルのあとかならず恐慌がやってくることをわかっているのに、どうして資本家は投資を続けるのか、と。

マルクスは、恐慌を資本主義体制特有の現象と考え、とても重要視していた。そして恐慌が起きる原因について、今から約150年も前に一定の答えを出している。それは、商品の交換にお金を介しているからだ。間にお金が入ることで、商品交換は売りと買いに分かれている。いっぽうが何かを売れば、いっぽうは何かを買っていることになる。

資本主義体制は、資本を増やすためにどんどん生産力を高める。その結果、たくさんの種類の商品が市場に出回る。市場に出回る商品の量もどんどん増えていく。その量が多すぎて、社会全体の消費が追いつかなくなった時点で恐慌が起こるというのだ。

資本をもった懲りない面々

恐慌が起きると、人はお金を得るために商品を売りさばく。しかし買う人がいない。結果、在庫が大量に増える。さらなる値下げをする。それでも買う人はいない。

そして景気はさらに悪くなる。こうした悪循環がくり返される。恐慌が落ち着いてくると、資本家は市場に大量に出回って売れなくなった商品を、安値で買いあさる。そしてそれを元手に新たな資本をつくる。それをくり返していくと、今度はまた大量の労働者が必要になってくるので、新たに雇用して大量の商品を生産していく。こうすることでバブルが訪れる。

やがて資本家は人件費削減のために労働者の数を減らしていく。それでも生産力は衰えず、投資した資本は新たな資本を生む。するとどうなるか。また恐慌に……。こういう無益にも思えるくり返しを、マルクスは予言していた。

資本主義社会のしくみ
生産力を高める
市場に商品が増える
消費が追いつかない
恐慌!

Part.2

『資本論』を読み解く！

あらすじ

序文 やっぱり読み解くのは難しいの?

何事も初めが難しいというように、この本も第1章、とくに商品の分析の部分が最大の障害となるだろう。例えば1個の生物を研究するより、その細胞を研究するほうが難しい。経済では、商品、または商品の価値が現われる姿がその細胞にあたる。これを分析するには、顕微鏡の代わりに、抽象力が必要になる。

その分析は、いたずらに理屈をもてあそんでいるように見えるかもしれない。しかし細胞を分析することがあまりに細かいのと同じなだけだ。したがって、この本は、価値の姿を説明する部分以外はとくに難しいとは思えない。私は、何か新しいことを学び、自分で考えようと志す読者を想定しているのだ。

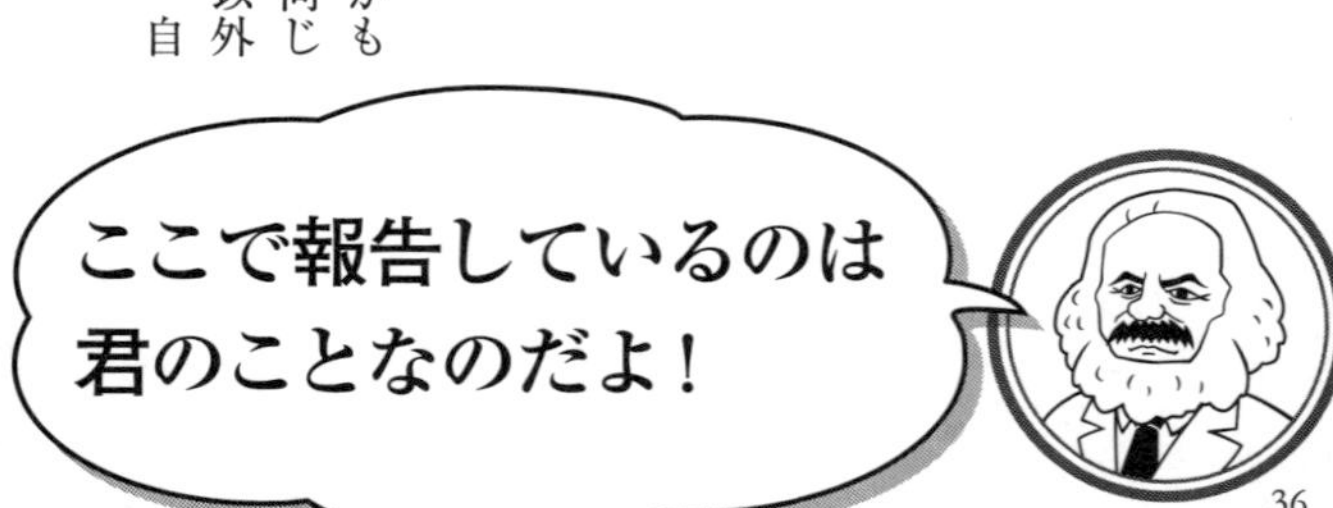

問題は資本主義的生産様式の自然法則であり、これらは鉄の必然性をもって作用し社会を貫いている。その純粋な発現にいちばん近い場所は、現在のところイギリスだ。だからこの本での探求にはおもにイギリスから例を取っている。

したがって、産業的に発展が遅れている国は、その未来の像をイギリスに見つける。あらゆる社会は、遅かれ早かれこの自然法則が発現する。そして遅れている社会は、この自然法則を取りのぞくこともできないし、飛び越えることもできない。ただ、生みの苦しみを短くし、やわらげることはできる。だから一国民はほかの国から学ぶべきであるし、学びうる。

この本では、資本家や土地所有者の姿をけっしてバラ色で描いていない。この本での個人は単に経済的な関係を示す役割であり、社会的な関係に責任があるものとしているのではない。ここでは、社会構造の発展をあくまで科学的に、自然史的過程として分析しようとしているからだ。

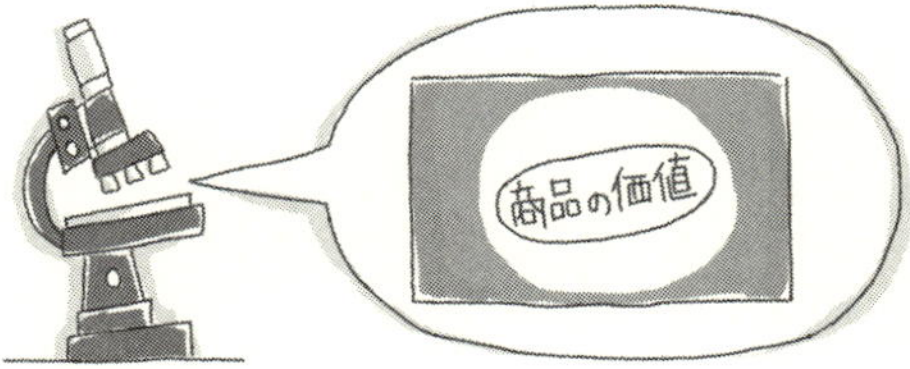

読み解き

序文

これから資本主義を斬っていく前の心構え

「この本は難しい」と先制攻撃

これから『資本論』を読み進もうとしている人たちに対して、マルクスはいきなり冒頭から「この本は最初から難しいけど、できるだけ簡潔に書いたので我慢して読んでほしい」と忠告してくる。本編冒頭にあたる第1篇第1章には、売ることを目的として生産された商品の価値について書かれている。この部分は『資本論』の中でも、とくに理論分析が複雑なところだ。しかし、ここはいちばん基礎的な部分になるので、それを無視して先を読んでも、資本主義の法則を本当の意味で理解しているわけではないことを示唆している。

難しいとはいうものの、第1章は資本主義社会に生きている人間なら、誰もが日常的に関わっている部分。みんなお金で商品を買っているのに、そこに含まれた意味に気づく人はいない。だからこそマルクスは、余計にそれを理解してほしい、という意図で、このお金と商品に関する章を『資本論』の最初にもってきているのだ。

批判すべきは資本家ではない

次にマルクスは『資本論』で分析している模範例をイギリスに置いたといっている。執筆当時のマルクスはイギリスに住んでおり、イギリスこそ資本主義が最も進んでいる国だと考えたからだ。とはいえ、ここで書かれる話はイギリスに限らず、資本主義社会の国ならかならずたどる運命なので、安心して読んでほしいとつけ加えている。

そして最後にマルクスは、批判したいのは資本家ではなく、資本主義の法則だと念を押している。批判の矛先が資本家に向いているような箇所もあるが、それは人格化した資本に向けた批判だというのだ。ここで正直に描かれる資本主義社会の実態を知れば、不快な思いをする読者もいるかもしれないが、真実を知る勇気をもってみずからの道を進んでほしいという言葉で、序文を結んでいる。

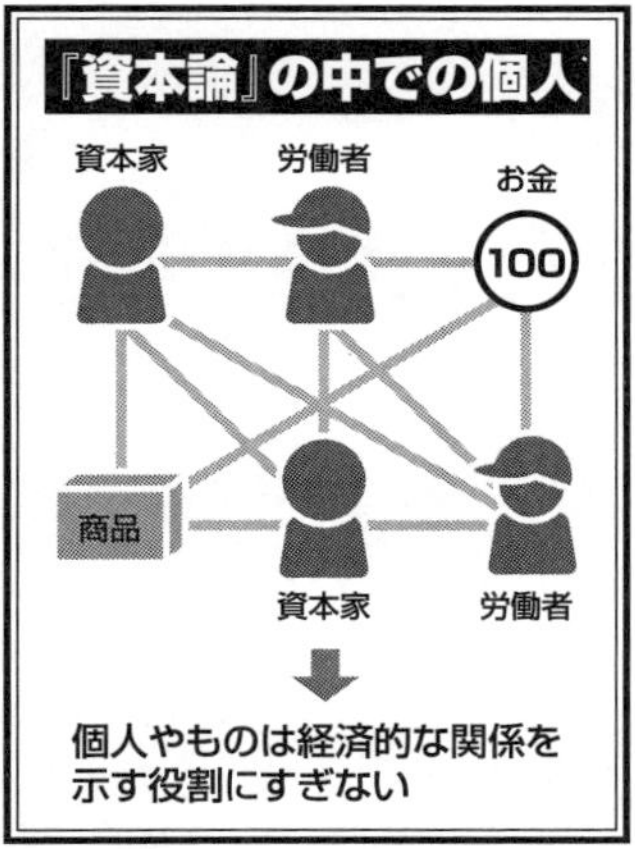

第1篇 商品と貨幣

資本主義は商品と貨幣が社会に行き渡って初めて成立した生産体制。だが誰もこの商品と貨幣の神秘と謎を解き明かした者はいない。ここにこそすべての答えが隠されている。

第1章 商品

第1節　商品の二要素　使用価値と価値（価値実体、価値の大いさ）
第2節　商品に表わされた労働の二重性
第3節　価値形態または交換価値
第4節　商品の物神的性格とその秘密

第2章 交換過程

第3章 貨幣または商品流通

第1節　価値の尺度
第2節　流通手段
第3節　貨幣

あらすじ

第1章 商品①

商品が商品としてあるために必要なものとは？

資本主義社会では、すべての富が商品でもって表わされる。商品とは、それが具体的にどのような形をとっているにせよ、人間の欲望を何らかの形で満たすものだ。鉄は建物の柱になる、小麦はビールになるなど、何らかの形で人の役に立つ。この「役立つ」度合いによって「使用価値」の多さが決まる。

商品の第二条件は交換されるということだ。例えば1キログラムの小麦は500グラムの鉄と交換される。そのとき、この2つの商品は同じ「価値」をもつ。この価値はそれぞれの商品の（ここでは鉄と小麦の）具体的な性質には関係がない。しかし同じ価値をもっている以上、何か共通のものがあるはずだ。

商品となるためには、生産物は、それが使用価値として役立つ他の人にたいして、交換によって移譲されるのでなければならない。

その共通なものは、それらをつくるのに必要とした労働の量だ。労働の量は、労働時間で計られる。例えば、小麦1キログラムに対し1時間の労働が必要だとすれば、鉄500グラムにも同じ長さの労働時間が必要だということになる。すなわちそれら2商品に共通する価値は、社会的な人間労働1時間分を表わしている。

この労働時間とは社会的に平均的な労働の量を表わす。ある商品をつくるに際して、労働者Aは3時間かかり、労働者Bは1時間かかったとする。その場合、平均的な労働時間は2時間だ。このように社会の発展度合いや技術の水準によって、大多数の労働者の極めて平均的な労働支出が認められる。そのような抽象的な平均的社会労働の量がどれだけ加えられたかが価値に表わされる。

商品とは使用価値と価値をもつものだ。例えば空気や水のように人間の生存に役立つだけのものは商品ではない。そこに人間労働が加わっていないからだ。また役立つものをつくって自分で消費する場合、そのものは商品ではない。そこに交換がないからだ。

読み解き

第1章　商品①

商品には「使用価値」と「価値」という2種類の価値が存在する

役に立つという価値が使用価値

世界的大著『資本論』の冒頭は、まず商品の説明から始まる。マルクスにいわせると、資本主義社会で築かれている巨大な富は、商品の固まりだという。つまり商品は資本主義を構成している細胞であり、商品について正しく理解すれば、資本主義そのものの全貌が見えてくるというわけだ。

では商品とは何だろうか。身の周りにあるものでは、携帯電話、ボールペン、ガムなど。当然だが商品は役に立つから購入する。逆にいえば役に立たないものは購入されないし、商品ではないのだ。こうして考えると、商品には役立つという値打ち、「使用価値」がある。

交換の指針となるのが交換価値

しかし資本主義とは、自由に商品を生産・流通させて利益を得ようとする体制のことなので、単純に役立つ価値のあるものだけが商品とはいいがたい。流通させるためには、別の価値が存在する。

例えばガムをつくる人がボールペンをほしがったとする。彼は自分でボールペンをつくり出すことはできないので、ガムと交換してもらう。

このとき、「○枚のガムで1本のボールペンと交換してもらえる」とする。例えば5枚のガムで交換してもらえたとしたら、ボールペンにはガム5枚分の価値があることになる。これが「使用価値」とは別の「交換価値（＝価値）」だ。

もちろん交換価値はときと場合によって変化する。あるときはガム5枚でボールペン1本と交換できたが、別のときはガム3枚で交換できるかもしれない。

このように商品の交換価値は偶然によって左右されると思われるのだが、マルクスはそうではなくて、商品には価値を表わすたしかなものがあると主張する。商品の価値を決定づけているもの、それは商品を生み出した人間の労働量だという。

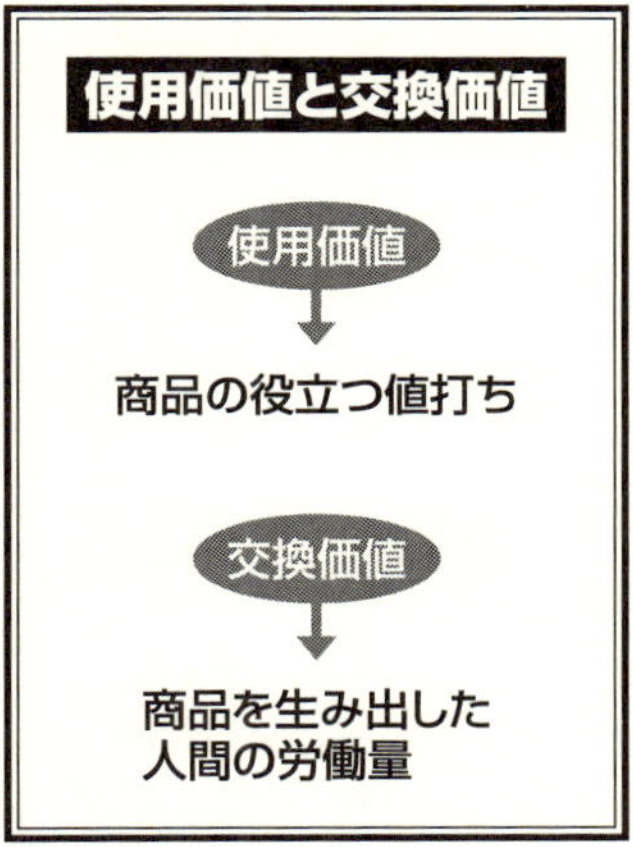

あらすじ

第1章　商品②

商品生産で現われる労働の2つの顔とは？

例えば、裁縫で上着を1着つくり、機織りで1キロの布をつくる。そしてその2商品を交換するとする。上着と布は役立つ用途が違う。ということは使用価値が違うということだ。同じく、それらをつくり出す労働、裁縫と機織りはその働く過程が異なる。すべての商品の使用価値は、それぞれ異なった目的に向かう具体的な労働から生み出される。

生産物をつくり出すのに役立つ具体的な労働は、太古の昔から存在した。裁縫という作業は資本主義体制であろうがなかろうが、同じ作業をこなしてきた。使用価値を含む生産物は、自然の素材と人間の労働とが結びついたものだ。

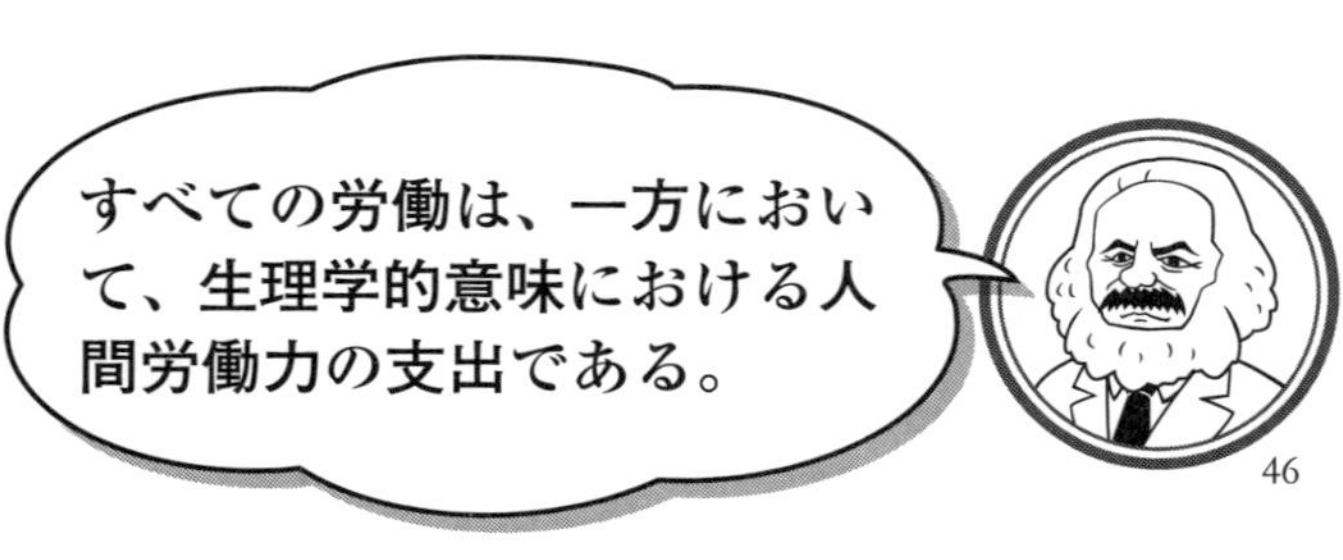
すべての労働は、一方において、生理学的意味における人間労働力の支出である。

いっぽう商品がもつ価値を見てみると、人間労働力のみが問題となる。人間労働力とは「働くこと」そのものとでもいえる。裁縫と機織りは違う労働だ。しかし両方とも、ある人が頭や筋肉を使って働いた、という点では同じ。この意味で、どちらの商品とも、人間の労働力が含まれている、といえる。

商品の価値とは、その「働くこと」がどれだけ含まれるかの「量」を表わしている。使用価値については、商品に含まれる労働の質が問題になるのに対し、価値については、あらゆる労働に通じる「働くこと」の量、すなわち人間労働力の量が問題になる。

商品生産における労働とは2つの面をもつ。ひとつが特殊な、目的の定まった具体的な労働で、それぞれ異なる商品を生み出す。それぞれの労働の質が使用価値を決める。もうひとつは、あらゆる種類の労働に共通する「働くこと」そのものだ。この抽象的な労働力の量によって、商品の価値の多さが決まる。その量とは時間で計られる。

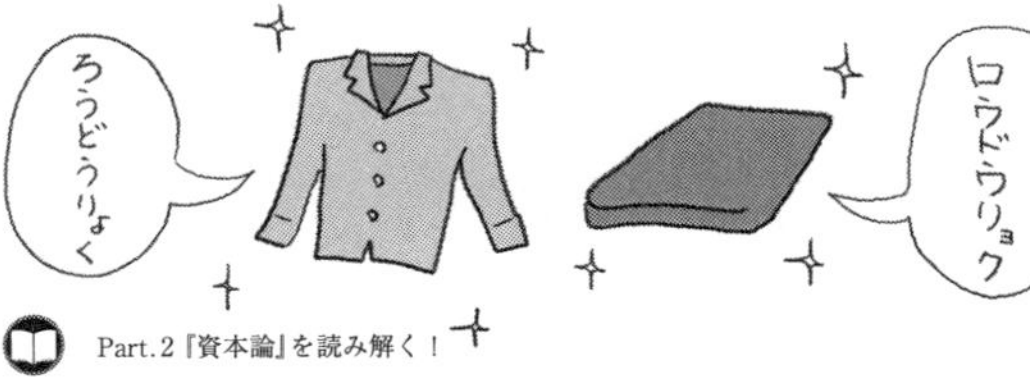

読み解き

第1章　商品②

価値と同じく、労働も2種類ある

質を生む労働、量を生む労働

単純に考えて、労働とは何かを生み出すことだ。しかし労働で生み出されたモノのすべてが商品となるのか、といわれるとそうではない。

この章でマルクスがいうように、商品は使用価値と交換価値があって初めて商品となる。例えばあるひとりの人間がボールペンをほしがっていたとする。自分でそれをつくって自分で使うだけなら、使用価値こそあるものの交換価値はない。だから、それは商品になっていないというのだ。マルクスは自給自足生活をしていた昔の人を考えて、このことに気がついたという。

そして商品を生み出す労働は、商品の価値と同じで2種類存在するといっている。これが使用価値を生み出す労働「具体的有用労働」と、交換価値を生み出す労働「抽象的人間労働」というわけだ。

具体的有用労働とは、どう役に立つのか、という部分をつくり出す労働。ボールペンでたとえるなら、円滑に字を書くことができるボールペンをつくり出すこと。

抽象的人間労働とはあらゆる具体的有用労働に共通する抽象的な労働のこと。どんな種類の具体的な労働も、人が脳と筋肉を使って「働くこと」には変わらない。その2つがマルクスのいう労働の二重性だ。資本主義社会では、それらを踏まえたうえで初めて商品として成立するのだという。

労働の量が商品の価値になる

マルクスは「商品の価値を決めるのは労働の量である」といっている。しかしそれは、だらだらと無駄に長い時間をかけてつくったものが価値のあるもの、という意味ではない。先に書いた社会的な平均労働がどれくらいの量で含まれるかということだ。そしてその社会的な平均はつねに変動するという。

マルクスはこの労働の二重性を発見したのは自分が最初だといい切っている。

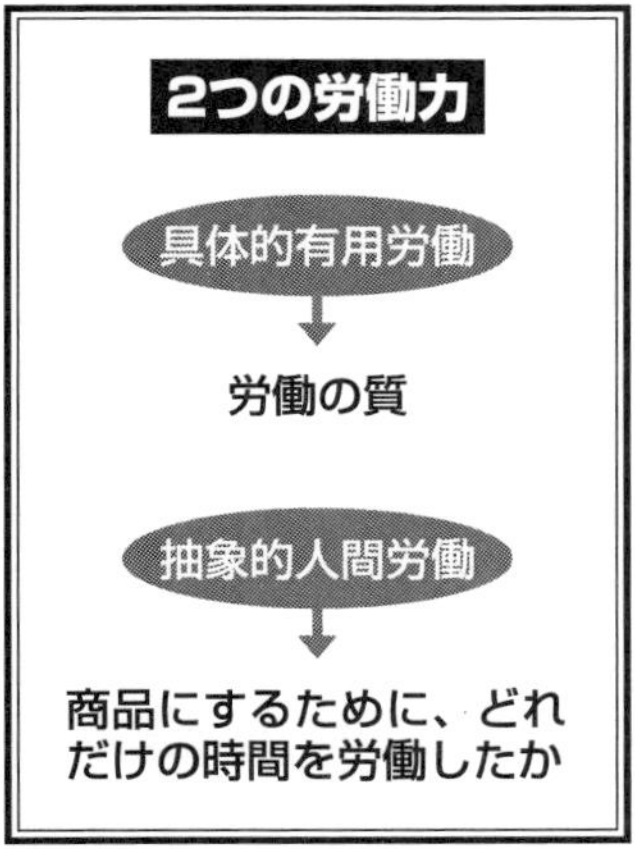

第1章　商品③

商品の価値はなぜお金で計るようになったの？

商品は二重の姿をもつ。ひとつは上着、布などの具体的な姿。これを自然形態という。もうひとつが価値を表わす姿。これを価値形態という。しかし価値形態は、商品そのものの中にあるのではない。ほかの商品との社会的な関係の中で現われる。

ある商品の価値は別の商品で表わされる。布1キロが上着1着と交換されるとする。このとき布の価値は上着で表わされる。そのようにある商品がとる、別の商品の価値を表わす姿を「等価形態」、そして等価形態によって表わされる価値の姿を「相対的価値形態」という。ここでは布のもつ価値は相対的価値形態の姿をとり、等価形態という姿をとった上着と交換される。

一商品の価値は他の商品の使用価値で表現されるのである。

このことは上着が布と違う使用価値をもつことから可能になる。布は使用価値と価値をもつ。そのうちの価値を別の商品（ここでは上着）の使用価値で表現する。そのことで布をつくる機織りという労働と、上着をつくる裁縫という具体的な労働が、「働くこと」という点で共通していることになる。

布の価値を上着で表わしているのは偶然に過ぎない。すると、この関係はさらに次のように発展する。布1キロ＝上着1着、または＝小麦1キロ、または＝鉄500グラム、または＝……。つまり布の価値は上着以外にも、小麦でも、鉄でもいいし、それ以外の何で表わしてもよい。となるとこの関係を逆転すれば、すべての商品の価値を計る共通の基準が生まれることになる。

こうして、布1キロ＝上着1着＝小麦1キロ＝鉄500グラム↓金10グラム、と表わすようになった。すなわちすべての商品の相対的価値形態は、金という貨幣形態で表わすようになった。そのことで、商品をつくり出す人間の労働も社会的になった。

読み解き

第1章 商品③

商品の価値を貨幣で計るための証明図式

マルクスが苦心した貨幣の概念

この節では「どうしてすべての商品は貨幣と交換されるのか」という点にスポットを当てている。第1節や第2節とくらべて異様に長いページが割かれており、マルクスがとても苦心して書いた様子が見て取れる。商品にある交換価値（＝価値）は別の商品と交換するときに出てくるものだが、貨幣を商品として見る者はいないからだ。

しかし、すべての商品は貨幣と交換されるわけだから、この難問をクリアしないと資本主義そのものが見えてこない。考えれば考えるほどに、商品が神秘的なものに思えてならなかったという。マルクスはこのパートを改訂のたびに書き直し、どんどんボリュームが増えていった。

価値を計る物差しが貨幣

まずマルクスは、交換される2種類の商

品をくらべてみた。ボールペン1本がガム3枚と交換できるとすれば、ボールペンの価値はガムの量によって計られていることになる。マルクスはこのとき、ボールペンの価値は、ガムの使用価値とくらべることで初めてわかるといった。つまり「ボールペンはガム3枚分の価値があります」といわれないと、ボールペン自体の価値はわからない。商品単体のどこを調べても価値など出てこないということだ。

ではボールペンの価値をガム以外のもので計ればどうなるだろうか、とマルクスは考えた。例えばボールペン1本と交換できるものは、ガム3枚分であり、消しゴム2つ分であり、飴玉5つ分だとする。このときボールペンの価値を表わすガムや消しゴム、飴玉などは、ただの物差しとして機能しているということに気がついた。

ということは、物差し代わりにできるのなら、別のものでも構わない。こうして「使用価値＝交換価値＝○」という図式が生まれた。この物差し部分の○が貨幣になると証明してみせた。

あらすじ

第1章　商品④

商品が価値をもって動き回る!?

商品は謎と神秘に満ちたものだ。商品を役立つもの、つまり使用価値として眺める限り、そこには何の不思議もない。例えば机は木で組み立てられ、書きものに役立つという役割がある。しかしこれを価値に注意して眺めてみると、とたんに抽象的で謎に満ちたものとして現われる。

その謎とは何か？　それは商品が価値をもち、それが人間の社会的な生産関係を反映しているということだ。上着をつくる裁縫という作業は具体的だ。が、同時にそれは布をつくる機織りとも共通する、社会的な人間の労働そのものでもある。この労働の二重性は商品に反映する。

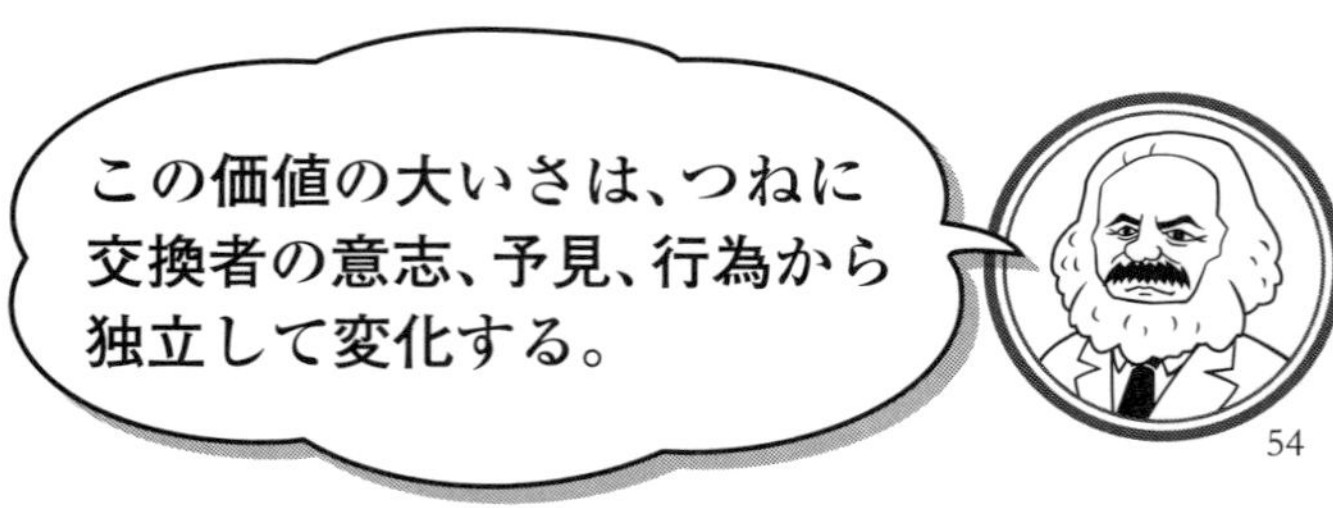
この価値の大いさは、つねに交換者の意志、予見、行為から独立して変化する。

商品交換においては、役立つものと価値をもつものの分裂として現われる。ただしこの分裂は商品交換を経て初めて起こる。交換がなされる前の生産物は、単なる役立つものだ。しかし商品が交換された瞬間に、ひとつの商品の使用価値でもって、もうひとつの商品の価値を表わす分裂が生まれるのだ。

しかし実際の商品の交換者同士はそのようなことを意識しない。彼らはただ、商品には価値があると考える。そして等価形態としてのお金はあらゆる商品と交換できると考える。またその価値をもつ商品は、それをつくり出した生産者の社会的な関係から独立して、商品同士の独立した社会関係を築くようになる。

このように商品がそれを生んだ生産者から独立し、それら自体が価値をもって社会関係を築くことを、物神礼拝（フェティシズム）という。貨幣という一般的等価物が広まり、商品交換が基本となった社会では、商品同士の社会関係は、人間に支配できなくなるだけではなく、逆にその関係に人間の生産過程が支配される。

第1章　商品④

貨幣の登場で商品の価値はさらに不思議なものに

労働が不透明になる不思議

　前の項目でマルクスは、商品の価値を表わす等価形態が貨幣に置き換えられることを証明してみせた。ここでは貨幣が出てきたことで、さらに商品の不思議さが深まったことを語っている。

　まずこの節の冒頭でマルクスは机の話を例として出す。机は誰が見ても机だが、商品として見たらとたんに不思議なものに見えるとマルクスはいう。

　机を商品として見たとき、ほかの商品とくらべて判明することは、机にある値段がつけられているから、同じ値段がつけられているほかの商品と等しい価値をもつということ。商品の価値を計るのは、それをつくるためにつくり手がどれだけの汗水を流したか、という部分のはずだが、具体的な値段をつけられた机自身ですら、背後にある人間の労働を気にかけなくなっている、というのだ。

もう少しいえば、机につけられた交換基準（何といくつで交換できるか）が机の価値になることで、汗水をたらして働いたから生み出されたという人間的な部分が失われ、すべてが数字で表わされるようになる。

このとき机は「自分はいくらの価格の商品」という存在でしかなくなり、人間もまたそれだけで机を判断するようになる。

「結局いくら？」に関心がいく

このように人間が背後にある労働のことを考えず、単純に「商品にはつけられた値段分の値打ちがある」と思うことを、「物神礼拝（フェティシズム）」とマルクスは呼んだ。個々の人間がつくり出した生産物は、市場に出回って初めて商品となって手にすることができるので、その背後にある具体的な労働はまったく見えない。その価値はすべて貨幣で表示されているだけ。

そうなると人は、その商品そのものに価値が備わっていると考える。だからこそ、物神礼拝が起こるとマルクスはいう。

貨幣が登場すると……
労働力でなく、
商品自体が
価値をもつようになる
物神礼拝
（フェティシズム）

あらすじ

第2章　交換過程

どうして貨幣は金や銀になるのか？

商品の持ち主にとって、交換する商品は役立たないものだ。彼にとって必要ならば交換しない。つまり彼にとってその生産物には使用価値がない。すべての商品は生産者以外の人に対して使用価値をもつ。だから他人がもつ商品が彼にとって使用価値をもつ。そして彼のもつ商品は、別の商品と交換できるという価値だけもつ。

商品の交換は、それぞれの商品の持ち主同士が市場で出会い、自由な交渉により意志をもって行なわれる。布の持ち主がたまたま上着の持ち主と出会い、交換する。そして次に小麦の持ち主と交換し、次に鉄の持ち主と交換する。しかしこの過程はわずらわしい。当然、何にでも交換できる商品、貨幣が生まれる。

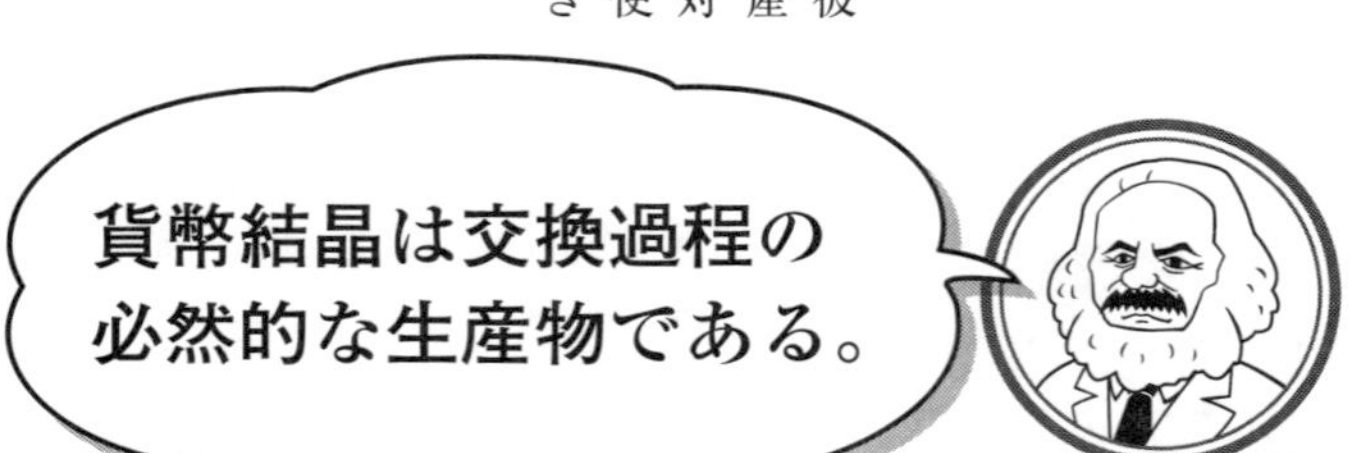
貨幣結晶は交換過程の必然的な生産物である。

貨幣は交換過程をくり返せば、必然的に生まれる。商品交換の社会が発展すれば、商品に備わる使用価値と価値の対立が激しくなる。そこで商品の価値を直接表わす貨幣への欲求が生じるのだ。そしてある特定の商品が自然と貨幣となる。したがって生産物が商品になるのと同じ過程で、ある商品が貨幣へと選ばれていく。

本来、貨幣になるのはどの商品でもよいが、交換過程をくり返していくと、その役割は金や銀が担う。貨幣とはあらゆる商品の価値を表わす等価形態だ。価値とは量で表わされる。だから貨幣は量を表わさなければならない。金属は分割でき、また溶かして合体できる。そして重さを示す目安になるので、量が示しやすい。

商品の価値の大小は社会的な平均労働の量で決まる。その平均労働は、極めて一般的な人間の「働くこと」そのものだ。金属はその成分が比較的均一なので、どこをとっても同じ品質になる。だから社会的な平均的労働量を表わすのにふさわしい。ここで注意すべきなのは、貨幣もそもそもは商品のひとつだということだ。

読み解き

第2章　交換過程

金属が商品の価値を表わすのにピッタリな3つの理由

共同体の接触で商品は生まれる

このとても短い章でマルクスは、商品の交換が起こる原因について考察している。そしてその中に記されているのが「商品は共同体と共同体が接触するところで発生する」という有名な言葉だ。

共同体とは一定の価値観を共有している集団のこと。マルクスの言葉どおりで考えると、ひとつの共同体内では商品は発生しない、ということになる。ここは難しく考える必要はなく、簡単に考えてみよう。例えば自給自足生活をしている原始的な家族だけの共同体があったとする。その中で生産されたものは、誰の所有物でもない。共同体、つまり家族全員の所有物だ。

そこでは親がつくったものも子供がつくったものも全員で共有するので、交換は発生しない。ここでこの家族が別の家族と接触すれば、そこに交換が生まれる。このとき交換するものが商品になる、とマルクスはいっている。

貨幣はどうして金属類なのか？

ボールペンをつくれる人間（あるいは共同体）が、ほかの商品と交換するためにたくさん生産しても、自分がほしい商品をもった所有者に出会うことは難しい。だからこそ、余った生産物を多くの商品が集まる市場にもっていく。それでも交換したいものを所有している相手がボールペンを必要としているとは限らない。「ボールペンではなくてコップとなら交換してもいい」といわれることもあるだろう。そこでどんな商品でも交換できる貨幣が登場した。

マルクスは「金や銀が貨幣として使われるようになったのは必然」と考えている。その理由として彼が挙げたのは「量が表わしやすい」「分割や合体がしやすい」「大小にかかわらず質が同じ」という3点だ。

だからこそ貨幣は金属類でなければならなかった。こうして生まれた「お金」が、やがては資本になる。

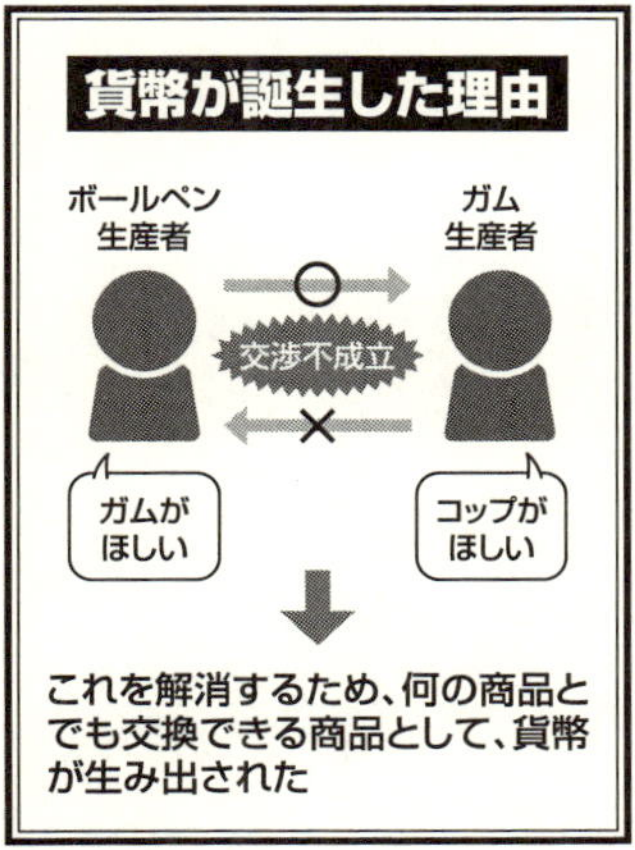
貨幣が誕生した理由
ボールペン
生産者
ガム
生産者
○
交渉不成立
×
ガムが
ほしい
コップが
ほしい
これを解消するため、何の商品とでも交換できる商品として、貨幣が生み出された

第3章　貨幣または商品流通①

商品の価格が価値を計る基準？

ここでは貨幣とは金であると仮に設定しておく。商品は交換ができるものであり、その前提で価値をもつ。ふつうに考えれば、貨幣があるから、あらゆる商品が交換できるように思う。しかし注意すべきなのは、あらゆる商品がそもそも価値という同じものを備えているから貨幣と交換できるのであって、その価値は商品に込められた人間労働そのものの時間で量が決まるということだ。

その価値の量を計る尺度が貨幣だ。そして価値の量は金の重さで表わす。例えば商品Ａの価値は金10グラムの重さに等しい、商品Ｂは金20グラムというように。この価値を計る尺度としての金のおかげで、商品Ａは商品Ｂの半分の価値をもつことがわかる。

ある物は価値をもたないでも、形式的に一つの価格をもつことができる。

この重さを表わす呼び名が独立して「価格」となる。貨幣と価格は別物だ。商品の価値は貨幣で表わし、価格はその貨幣の重さを表わす。そもそも価値というものが極めて抽象的だ。その抽象的なものの量を表わすのに、現実の金属が必要なわけではない。なにか観念的に量を計る目安があればよい。つまり数字があればいいのだ。

だから本来重さを示す単位だった「ポンド」が価値を表わす価格となる。価値と価格はイコールではないので、価値が変わらなくても、価格が変わる場合がある。また何ら価値をもたないのに、価格がつく場合もある。

例えば良心とか名誉などはそこに人間労働がなにひとつ加わっていないのに価格がつくこともある。だからお金で買えるものすべてに価値が備わっているわけでもないし、その価格で価値の大小を計れるわけでもないのだが、立派に商品として売買されるものもたくさんある。

読み解き

第3章　貨幣または商品流通①

貨幣で表わされる価格と価値はぜんぜん別ものだ

貨幣は価値を計るための物差し

この節でマルクスはまず、物神礼拝に抗うような形で、「商品は貨幣によって等しいものになるわけではない」と断言している。商品の価値がある一定量を示す価格でのみ表わされるようになると、その背後にある人間の労働などが見えなくなっていく心理を最初に警告しているのだ。

外見上は貨幣がすべての商品を共通のものにしているように見えるが、実際共通のものにしているのは、その背後にある人間の労働。ボールペン1本とガム3枚に同じ100円という価格がつけられていたとして、どちらも100円だから価値が同じというわけではない。その逆で、ボールペン1本とガム3枚を生み出す労働が同じ価値と認められたから、100円という同じ価格をつけられているということだ。100円という貨幣は、ここではあくまで価値を計るための尺度でしかない。

貨幣の量が価格になる

ここでマルクスは、貨幣には2つの機能があるといっている。それは価値を計る機能と、価格を表わす機能のことだ。

マルクスにとって価値と価格はぜんぜん違う。先ほどの例でいえば、実際のお金がなくてもボールペンの価値は計ることができる。労働量を示したものが価値なので、ボールペンの価値を計るのはお金でなくてもいい。ガム3枚分の価値といいかえてもいいのだが、わかりやすいので貨幣で表わしている。

つまり価格は単に貨幣を金や銀として考えたときの重さや量のことに過ぎない。つまり価値の大きさを計るための具体的な金属の量が価格になる。

「ボールペン＝100円」というお金の量が価格だ。価値のないものに価格がつくことだってあるので、両者はかならずしも同じ存在ではないと、マルクスはここで何度も注意している。

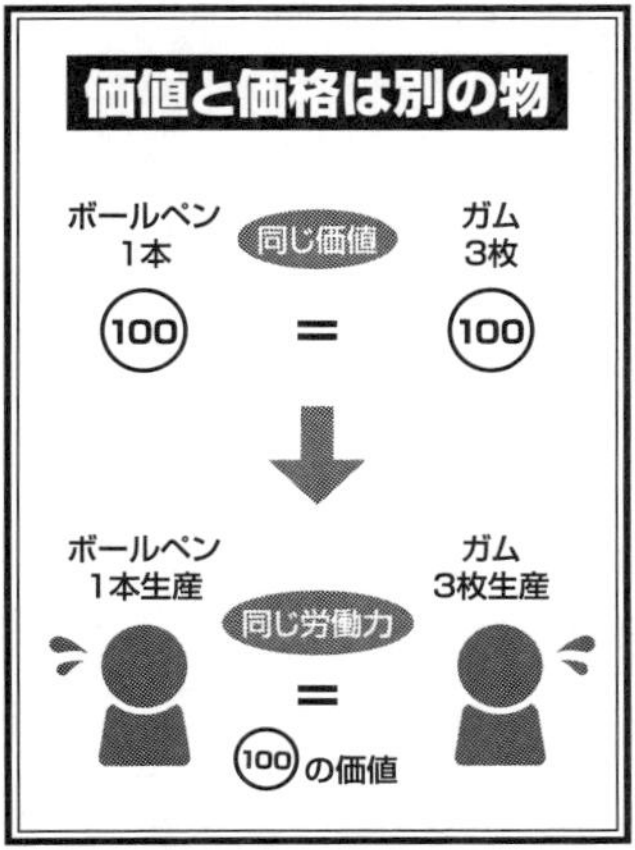

第3章　貨幣または商品流通②

お金がもつ取引での役割って？

貨幣を使った商品の流通はまず、売りから入る。布が金2グラムで売れる。次が買いとなる。布を売った機織り業者は上着を金2グラムで買う。このように商品流通の基本は、2つの対立し、同時におたがいに補いあう変態を含む。つまり商品の貨幣への変態と、貨幣から商品への変態だ。

これを「商品（W）→貨幣（G）→商品（W）」に表わすことができる。「商品（W）→貨幣（G）」が売り、「貨幣（G）→商品（W）」が買いだ。これは商品が貨幣に変わり、貨幣から商品にもう一度変わったということ。同じように、商品流通においては、商品所有者は売り手と買い手の役割を演じることになる。

流通は、生産物交換の
時間的、場所的および
個人的な限界をうち破る。

布と上着を直接交換することと、間に貨幣が入ることとは何が違うのか。例えば機織り業者は上着がほしければ、布をほしがる裁縫業者を探さなければならない。しかしお金があれば、いったん布を売って金に変え、のちにいつでも好きなときにその金を上着に変えることができる。

貨幣があることで「売り」と「買い」が分断できるようになる。それは、商品にある二重性、使用価値と価値、具体的な労働と社会的平均的な「働くこと」そのもの、という対立が外に現われて運動していることだ。このことは恐慌の可能性を含む。

商品流通はたえず貨幣という汗をまき散らす。例えば市場で、布1キロ→金2グラム→上着1着→金2グラム→小麦1キロ→金2グラム、という取引があったとする。このとき、商品すべての価格は、6グラム、貨幣の流通回数は3回。このとき「市場にあるすべての商品価格の合計÷貨幣の流通回数」で、流通手段として必要な貨幣量（＝金2グラム）が判明する。

読み解き

第3章　貨幣または商品流通②

商品から貨幣、貨幣から商品へと移り変わる市場

「W→G→W」のくり返し

この節の冒頭は、「商品の変態」という言葉から始まる。簡単にいえば商品とは移り変わっていくもの、ということ。ここでマルクスは「W→G」という図式を出してくる。Wとは商品（Ware）のことで、Gとは貨幣（Geld）のことだ。

ボールペンという商品Wを市場にもっていけば、Gという貨幣と交換される。これが「商品の変態」だ。今度は買い手の視点から見れば、貨幣Gで別の商品を購入するので「G→W」の図式が成り立つ。

つまり市場では「W→G→W」という図式が成り立っているとマルクスはいう。自分がつくり出したボールペンがうまく売れて貨幣が手に入ったら、今度はその貨幣でボールペンとは違う別の商品を買うことができる。だからマルクスの図式をもう少しわかりやすくいえば「W1→G→W2」となる。

こうして見ると、貨幣Gはつねに商品と商品の間を行き来していることになる。しかし実際は、商品すべてが売れるわけでもないので、貨幣の流通もすんなりといくことはない。商品が売れなければ値段は下がるし、売れ過ぎると値段は上がる。ここに恐慌の可能性が潜んでいることもマルクスは指摘している。

貨幣は金属から紙になる！

この節の最後でマルクスが語るのは、貨幣が金や銀を離れるときのことだ。金や銀を貨幣として使っているとしても、「W1→G→W2」という流通がうまくいっていれば、もう貨幣に金属類としての価値はなくてもいいことになる。64ページでも説明したとおり、貨幣とは、商品の価値を計る際の物差し代わりに使われるものだ。

商品の価値は交換するものの量で示されればいいのであれば、何を使ってもいい。だからこそ最終的にそれ自身は価値のない紙で示されることになった。これが紙幣の誕生につながるとマルクスはいう。

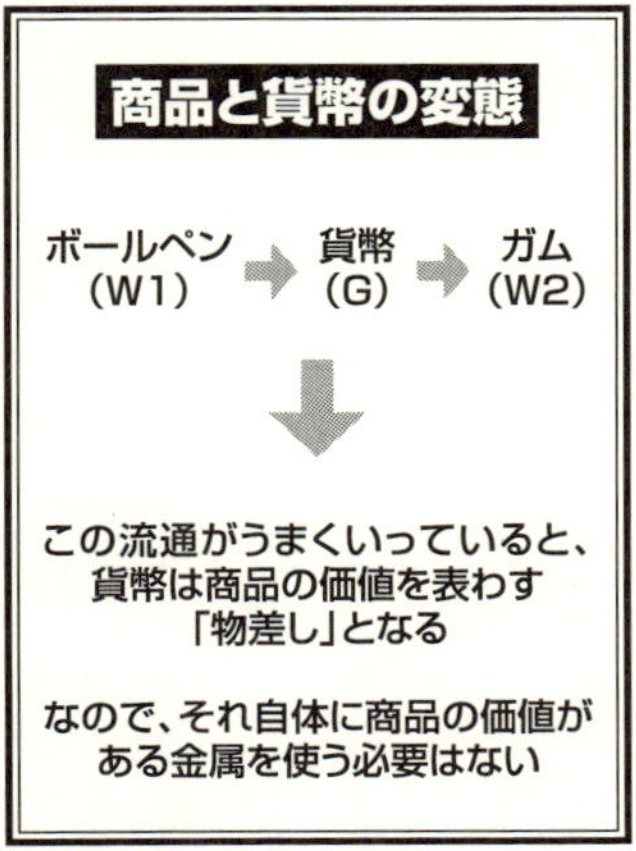

商品と貨幣の変態
ボールペン (W1)
貨幣 (G)
ガム (W2)
この流通がうまくいっていると、貨幣は商品の価値を表わす「物差し」となる
なので、それ自体に商品の価値がある金属を使う必要はない

第3章　貨幣または商品流通③

どうして金の価値がなくならないの？

これまで貨幣の2つの機能を見てきた。商品に含まれる価値の量を計る尺度としての貨幣。もうひとつが、商品流通を媒介する、流通手段としての貨幣。価値尺度としての貨幣は、量を表わす重さ（すなわち数）だけでよいし、流通手段としての貨幣は、紙幣などに置き換えてもよい。ここでは金属としての貨幣を見る。

流通から外に出た貨幣は、蓄蔵貨幣だ。すなわち貯められた貨幣であり、これさえもっていれば、いついかなるときでも商品に交換できるものだ。商品流通は「売り」のあとに「買い」が来て終わる一連の過程だ。しかし、この蓄蔵貨幣は売って終わり。そのまま、何か必要なものが出てくるまで貯め込まれたものをいう。

商品の売り渡しは、その価格の実現から時間的に分離されるという関係が、発展してくる。

先に述べた「売り」のあとに「買い」が来て終わる過程は、貨幣があることによって、逆転できる。ある農家が家を買い、その支払いを収穫物を売ったあとに設定する。つまり売り手は債権者、買い手は債務者となる。彼は「売り」の前に「買い」をもってきている。このとき貨幣は「支払手段」という機能を果たしている。

支払手段としての貨幣は、社会的労働の化身として、つまり絶対的な商品として出現する。社会的に、支払手段が連続的につながり、その決済機構が発達しているところでのみ、貨幣恐慌が起こる。そのとき、貨幣はほかのもので替えられなくなる。つまり紙幣はただの紙切れになる。そして人は、貨幣そのもの、すなわち金属としての金を求めて殺到する。

もうひとつ貨幣には世界貨幣という機能がある。ある国を越えて通用する貨幣とは何か？　結局それは金属の金だ。金が貨幣として世界で通用するとき、労働が本当の意味で社会的な「働くこと」そのものとなり、貨幣がその量で価値を表わすものとなる。

読み解き

第3章　貨幣または商品流通③

貨幣に潜む経済麻痺の可能性と資本への出発点

便利な貨幣にも落とし穴が？

この節でマルクスは、商品交換の仲介者である貨幣が登場したことによってもたらされる、さまざまな機能について説明している。マルクスが挙げた貨幣の機能は3種類。貯めることができる機能、支払い手段に多様性を生む機能、そして世界貿易で通用する機能だ。

貨幣のおかげで人間は、いつでも必要な商品と交換するために貯めておくことができるようになった。ただし、貨幣を貯め込むということは経済の流れを止めるということ。市場に流通する貨幣の量が減ると、商品が売れなくなるので価格は下がる。つまりデフレが起きるという問題点がある。だからこそマルクスは貨幣を貯め込む社会を「遅れた社会」と説明している。

商品は貨幣を支払ってから売り渡されるばかりではない。例えば電気代。先に電気という商品を受け取ってから、支払い期日にお金を支払う。これが貨幣の登場によってもたらされた、支払い手段に多様性を生む機能だ。しかし支払い期日にお金がなければ大変なことになる。みんなが支払いを滞らせても、経済が麻痺してしまう。

どんな形でも貨幣は労働の賜物

経済が麻痺してしまうと、貨幣は単純に商品の価値を表わすだけのものより、実際に価値のある金や銀のほうがいいことになる。紙片はただの紙くずになってしまうこともあるからだ。また違う種類の貨幣が集まる世界貿易でも、それ自体が価値をもつ金や銀が基準になるとマルクスはいう。

貨幣は金属類から紙幣に変わっていったはずなのだが、結局貨幣は金属類がいいのか紙幣がいいのか判別をつけにくいように見える。しかし問題はそこではない。どのような形でも貨幣は労働量を表わしたひとつの商品であり、それを理解することで、貨幣が資本の出発点になることが理解できるとマルクスは示唆している。

貨幣の機能

①蓄蔵貨幣

流通の外に出て貯めこまれた貨幣。いつでも好きなものが買える

②支払手段

買ったあと分割でお金を払うなど、商品の支払い手段に多様性を生む

③世界貨幣

価値を直接表わす金属としての金や銀で、国際間の決済を行なう

第2篇

貨幣の資本への転化

資本とは「増える貨幣」。お金がお金を生み、永遠に増殖していく。なぜ等価交換でお金が増えるのか？　そのためには、資本家は市場である特殊な商品を見つける必要があった。

第4章　貨幣の資本への転化

第1節　資本の一般定式
第2節　一般定式の矛盾
第3節　労働力の買いと売り

あらすじ

第4章　貨幣の資本への転化①

貨幣と資本の違いって何？

あらゆる資本ももとをたどれば、貨幣にすぎない。しかし貨幣はある性質をもって資本となる。では資本とは何か？　資本とは「増える貨幣」だ。その意味を知るには、先に触れた、「商品（W）→貨幣（G）→商品（W）」の流通過程を見る必要がある。

「布1キロ→金2グラム→上着1着」。これは「買うために売る」行為だ。布のもち主は、最後は買うために布を売る。いっぽう取引を少しずらしてみる。「金2グラム→上着1着→金3グラム」。このような取引は「売るために買う」行為だ。商品を使うために買うのではなく、もともとあるお金を増やすために買う。

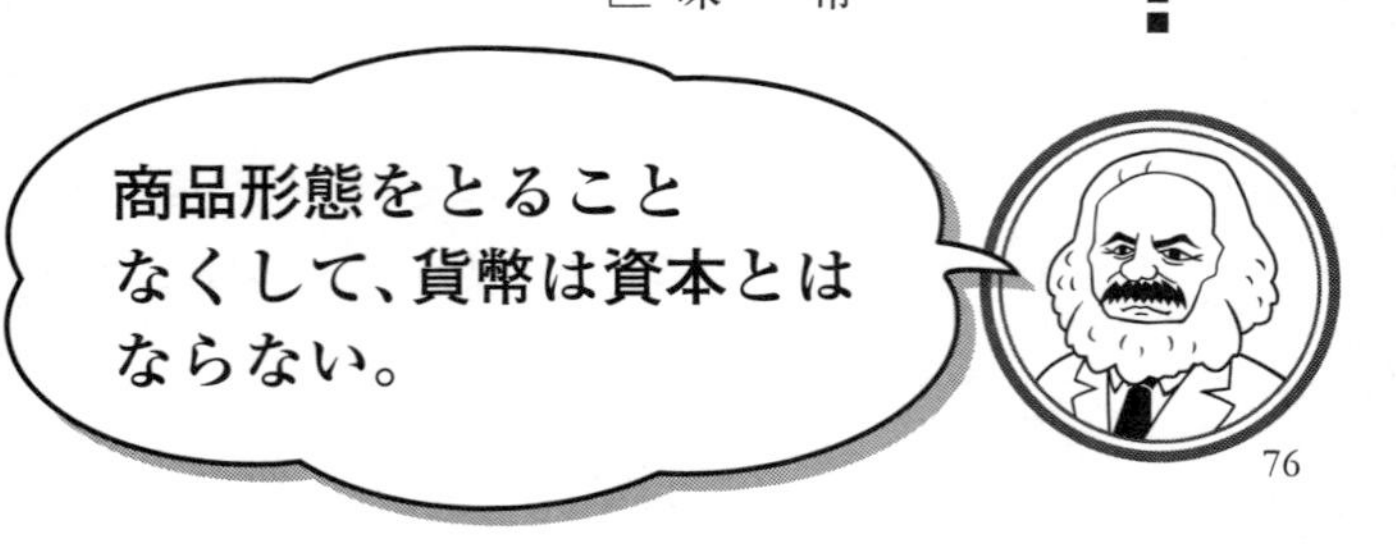
商品形態をとること
なくして、貨幣は資本とは
ならない。

この「売るために買う」とき、すでに貨幣が資本に変わっている。実際、そこでは金は1グラム増えている。初めに投入された金2グラムは、あとで回収するために前貸しされているだけだ。実際、上着を売れば1グラム金が増えている。このように、最初の金が表わしていた価値を超えて得られる価値を「剰余価値」という。

「買うために売る」ふつうの商品流通は、最後にはある役立つ商品でもって終わる。布は最後は上着に変化し、買い手に着られて彼を暖かくする。が、資本としての貨幣の流通は、終わりがない無限の上昇運動だ。増えたお金は新たに商品に「前貸し」される。そしてさらに多くのお金に換えられる。

そもそも価値はあるときは貨幣という姿をとり、あるときは商品の姿をとる。それらが交換される間に、姿を変えはするものの、やり取りされる価値の量は同じだ。しかし価値が増殖していくうえで、商品と貨幣の絶え間ない変態は必須となる。

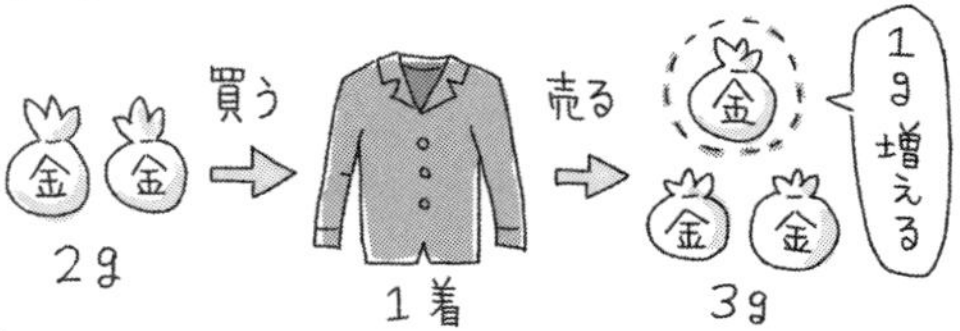

第4章　貨幣の資本への転化①

単なるお金が資本に変わるしくみ

読み解き

流通を表わす2つの図式

この第2篇からは、いよいよ歴史的大著である『資本論』の根幹部分、資本の解読に入っていく。

まずマルクスはこの節の冒頭で、一般に使われている貨幣と、資本として使われている貨幣の違いを指摘する。第3章の最後でも触れたように、どちらの貨幣も労働の量を計るものなので大差はない。ただ流通する形態が変わると違いが生まれるとマルクスはいう。

流通形態は第3章で紹介したとおり、「W1→G→W2」の図式で表わされる。ボールペンの生産者が、ボールペンW1を売って貨幣Gを手に入れたあと、別の商品W2を買うという流れだ。

このとき貨幣Gは、ボールペンと別の商品の媒介者でしかない。そもそも貨幣とはそういう役割がある。

ここでマルクスは、資本として使われる貨幣が入った「G→W→G」という逆の図式を提示する。貨幣で商品を購入し、商品を売って貨幣に変えるというもの。もちろん市場ではWとGの交換が永遠にくり返されていくので、途中でこういった図式が挿入されるのも当然だが、ここでは単純に「Gで始まりGで終わる図式」のことを指す。

元手を増やすために商品を売買する

「W1→G→W2」の図式は、商品を別の商品に換える動きなのに対し、「G→W→G」は貨幣を貨幣に換える動きだ。買った商品を売って買う前と同じ金額が戻ってきても意味がないので、この場合、貨幣の量の増減を目的にしている。

つまり、100円でボールペンを買って120円で売る、ということが「G→W→G」。厳密にいえば「G→W→Gx」だ。ここでのxがスタート地点の貨幣より増えた金額。ボールペンの例でいえば20円分だ。マルクスはこれを「剰余価値」と呼び、資本へ転化される部分だと考えた。

貨幣と資本の違い

布1kg→金2g→上着1着

↓

上着を買うために布を売っている場合、金2gは「貨幣」

金2g→上着1着→金3g

↓

金を1g増やすために上着を買う場合、金2gは「資本」

あらすじ

第4章　貨幣の資本への転化②

商品の交換は等価交換だったはずでは？

資本が生まれる一般定式は「貨幣（G）→商品（W）→貨幣（G）＋x」で表わされる。しかしこの式に違和感を感じる人も多いだろう。商品生産社会の前提となっていたのは等価交換だったはず。それは「商品（W）→貨幣（G）→商品（W）」で表わされ、初めの商品とあとの商品では同じ価値が含まれていたはずだ。

売り手が彼の商品を価値以上で、例えばつねに1割増で売れるとする。すると彼はつねに10パーセントの剰余価値が得られるだろう。しかしわれわれが前提にしている条件では、彼は売ったあと買い手にならなければならない。となると彼はつねに10パーセント増で買わざるをえない。

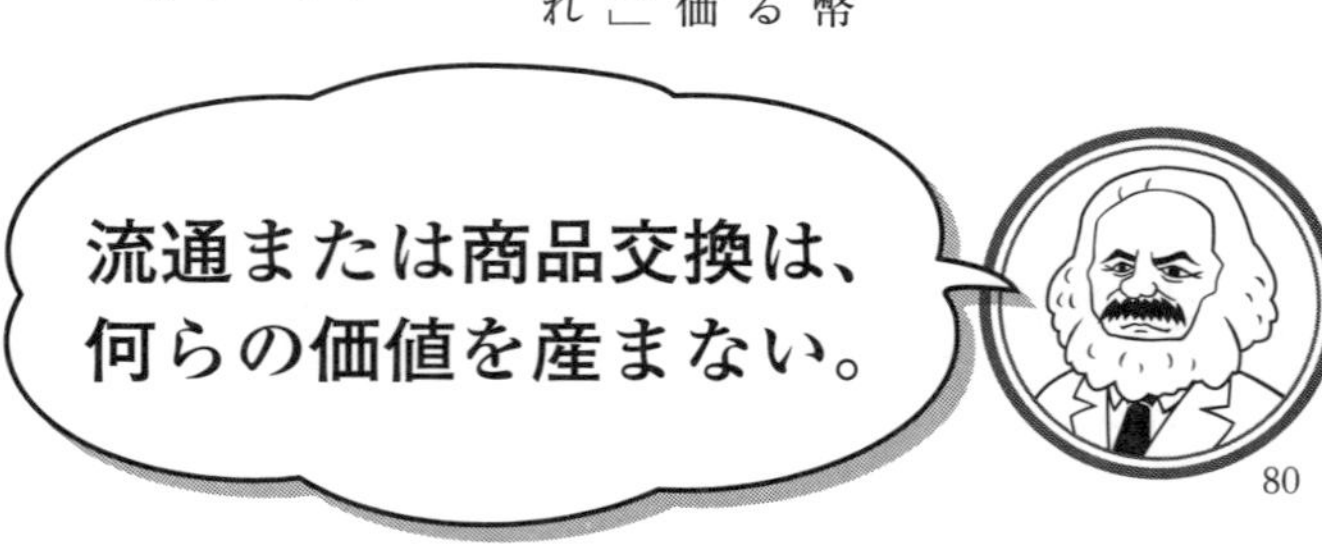
流通または商品交換は、何らの価値を産まない。

逆に買い手がつねに1割引で商品を買えるとしても同じだ。彼は買い手の前に売り手であったはずだ。そのとき損している1割分を買うときに取り返すだけだ。
つまり貨幣が資本になることは、売り手が商品をその価値以上に売ることによっても、買い手がその価値以下で買うことによっても、成立しない。

買い手をだましたり、一時的に高く値段をつけて売ったとしても同じだ。それは売ることなくして買うだけの商品生産者や、買うことなくして売ることだけの商品生産者を想定しないとありえない。われわれが考えているのは、自由で独立した商品生産者が取引をする、商品生産社会での資本の動きだったはずだ。

だが「貨幣（G）→商品（W）→貨幣（G）＋x」は現実に起こっている。ある商品を安く買って高く売る商人は存在する。資本は流通からは産まれない。が、流通の中で発生せざるをえない。だから資本が生まれる一般定式は矛盾している。

読み解き

第4章　貨幣の資本への転化②

等価交換をしていても剰余価値が生まれる矛盾

本当に等価交換されているか？

76ページで剰余価値が生まれる図式を提示したマルクスだが、さっそくこの項目で矛盾を指摘している。商品はすべて等価のものと交換するとすれば、どうして100円でボールペンを買って、それを120円で売ることができるのだろうか。

「W1→G→W2」の図式で考えてみよう。W1をボールペン1本、Gを100円、W2をガム3枚とする。ここでの貨幣Gはただの媒介者なだけで、W1とW2、つまりボールペン1本とガム3枚とを直接交換してもよい。図式にすれば「W1→W2」。今まで解読してきたマルクスの説ならそうなる。

ただし、「G→W→Gx」の場合、「G→Gx」には絶対にならない。100円は120円と交換されるはずがないからだ。

しかし、元手を増やしている資本家がいるのも事実。彼らは不思議なことに

「G→Gx」や「G→W→Gx」の図式を当たり前のようにこなしている。マルクスは「商品交換からして、等価交換をしているわけではない」という。

流通から資本は生まれない？

それについてマルクスは、コンディヤックという哲学者の言葉を使って説明を始めるのだが、簡単にいえばこうだ。

そもそも貨幣を媒介にしない商品交換からして、自分にとって不要なものを、必要なものと交換しようとする。つまり人間は等価交換ではなく、かならず利益を求めるものだというのだ。貨幣が出てきてからは、それはより顕著になる。高く売って安く買うのが人間の本質だとマルクスはいう。

しかしそれだけでは、ただのぼったくりになる。そしてそれを続けていれば、誰も買い手がつかなくなるので、資本を生み出すどころではなくなる。

だからこそマルクスは流通から資本が生まれることもあるが、同時に流通から資本は生まれないという言葉を残している。

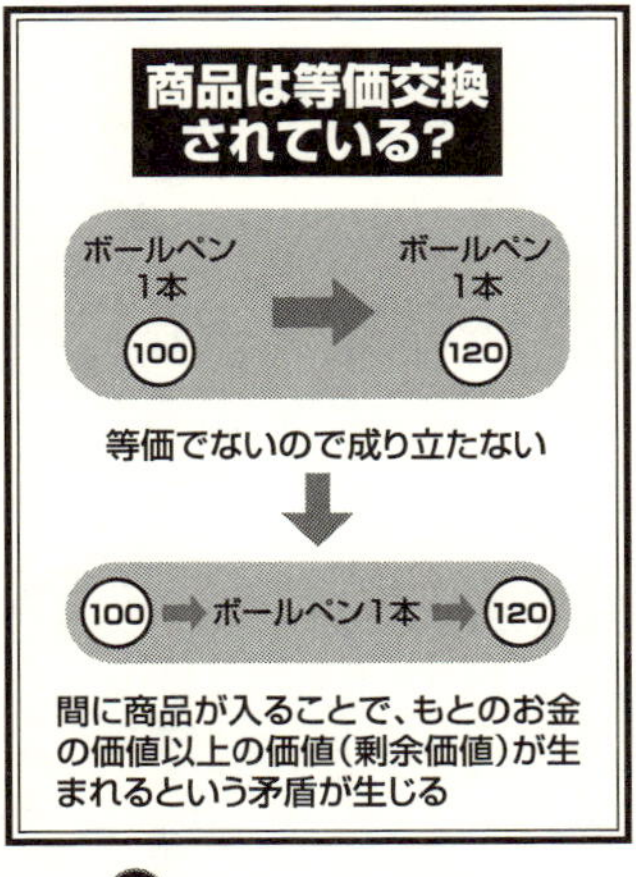
商品は等価交換されている？
ボールペン1本
100
ボールペン1本
120
等価でないので成り立たない
100
ボールペン1本
120
間に商品が入ることで、もとのお金の価値以上の価値（剰余価値）が生まれるという矛盾が生じる

あらすじ

第4章　貨幣の資本への転化③

労働と労働力ってどう違うの？

貨幣が資本になるのには、貨幣の持ち主が、ある特殊な商品を市場で見つける必要がある。それは「労働力」だ。労働力が特殊であるとは、その使用価値が、価値を増やすことにあるからだ。

買い手としての資本家と、労働力の売り手である労働者は、市場では平等だ。彼らは自由な意思で契約を結び、資本家はきちんと貨幣を支払い、労働者は労働する。これは等価交換だ。労働者は一定の時間だけ働く契約をする。彼がもし労働力すべてを売るのならば、彼は商品所有者ではない。彼自身が商品であり、奴隷と同じになる。

資本は、生産手段および生活手段の所有者が、自由なる労働者を、彼の労働力の売り手として市場に見出すところにおいてのみ成立する。

労働者とは、自分の売るものが、価値を創造することのできる労働力という商品しかもたない者のことをいう。そしてこれが商品生産社会が産まれる条件であり、資本主義とは、労働者が歴史的に誕生するのと同時にできた社会体制なのだ。奴隷でもない、臣下でもない、自由に自分の労働力を売ることができる者というのは、いつの時代でもいたわけではない。

労働力も商品である以上、使用価値と価値をもつ。労働力がその対価として貨幣を得るところの価値は、どこから産まれるか。それは労働者が生きていくための生活手段だ。具体的には、彼が毎日正常に労働できるための能力を維持するために必要なもの、すなわち食料、衣服、暖房、家などをいう。

労働力の対価、つまり賃金は通常あとから支払われる。労働力の使用価値、すなわち労働で使われることで商品の価値を増やすのに役立ったあとから、賃金の形で支払われる。買い手の貨幣は、支払手段の機能を果たす。

読み解き

第4章　貨幣の資本への転化③

資本を生み出しているのは人間の労働力という商品！

労働力という商品がカギ

第4章第2節でマルクスがいった「G→W→Gx」のGが資本になるとしたら、それはどこで生まれているのだろうか。これは最初の「G→W」の部分に焦点を当ててみればわかりやすい。ここで貨幣Gと交換される商品Wは、資本主義の心臓といってもいい労働力のことだとマルクスはいう。

つまり労働力とは商品のひとつであり、その商品を売っているのが労働者なのだ。ここでマルクスがいう労働者とは、これまで例に出してきたボールペンの生産者やガムの生産者とは違い、「労働力という商品」しか売るものがない人たちのことをいう。

ボールペン工場で働く労働者は、いくら多くのボールペンをつくっても、その売上げがそのまま彼の懐に入ってくるわけではない。売上げは雇い主に入る。しかし労働者は雇い主に「労働力」を売っているので、雇い主から一定時間の働きに応じたお金をもらえるというわけだ。現代のサラリーマンもこれにあたる。

労働力の使用価値と交換価値

労働力も商品である以上、使用価値と交換価値をもつ。使用価値は商品の価値を生み出すということ。ボールペン工場の労働者が働いた分だけ、ボールペンは増えてお金に換えられていくので、雇い主にとっては労働者の総労働時間が使用価値になる。

そして交換価値（＝価値）は労働する能力を再生産するためにかかる時間と費用。労働者の労働力を維持するための生活費といってもいい。さらにいえば交換価値は労働者に支払われる給料だ。

雇い主は、労働者が生み出した価値と同じ額を交換価値（給料）として支払うことはしない。それをすれば雇う意味がないからだ。当然給料として支払われる額は、使用価値で生み出された額より少なくなる。この差が「G→W→Gx」のxとなり、資本となることをマルクスは導き出した。

労働力は特殊な商品
給料
（交換価値）
労働力
（使用価値）
雇い主
（資産家）
労働者
雇い主は、使用価値よりも低い交換価値（給料）を支払うことで、差額が資本として生まれる

第3篇
絶対的剰余価値の生産

搾取《さくしゅ》されたお金＝剰余価値を無限に膨らませること。資本は労働者から搾り取れるだけ搾り取ってそれを実現する。そのために資本がまず取る手段は、労働時間の際限なき延長だ。

第5章　労働過程と価値増殖過程

第1節 労働過程
第2節 価値増殖過程

第6章 不変資本と可変資本

第7章 剰余価値率

第1節 労働力の搾取度
第2節 生産物の比例諸部分における生産物価値の表示
第3節 シーニョアの「最終一時間」
第4節 剰余生産物

第8章 労働日

第1節 労働日の限界
第2節 剰余労働にたいする渇望。工場主とボヤール
第3節 搾取にたいする法的制限を欠くイギリスの産業諸部門
第4節 昼間労働および夜間労働。交替制
第5節 標準労働日のための闘争。一四世紀中葉より一七世紀末に至る労働日延長のための強制法
第6節 標準労働日のための闘争。労働時間の強制法による制限。一八三三年――一八六四年のイギリスの工場立法
第7節 標準労働日のための闘争。イギリス工場立法の他の諸国への反応

第9章 剰余価値の率と剰余価値の量

あらすじ

第5章　労働過程と価値増殖過程

労働の性質は昔と今とでは違うの？

労働過程とは役立つ生産物をつくる作業のことで、社会が商品生産社会であるなしにかかわらず、古代から行なわれている。役立つもの（生産物）は、材料となる「労働対象」に人間の技術や能力を加えてできる。このときに使われる道具や機械などを「労働手段」という。労働対象と労働手段をあわせて「生産手段」という。生産物は、新たな生産物をつくる道具や材料として役立つ場合もある。

資本主義社会においても、労働過程は商品の使用価値を生み出す。労働者は資本家に管理されて役立つものをつくり出し、できた商品はすべて資本家のものになる。その条件下においても、労働過程の、役立つものをつくるという性質は変わらない。

労働力の価値と、労働過程におけるその価値増殖とは、二つの異なる大いさである。

ただし資本主義社会では、売るために役立つものをつくること、またそれに必要な貨幣よりも、より多くの貨幣に換えられるものをつくろうとする。必要な貨幣が表わしていた価値よりも多くの価値――剰余価値の獲得が目的なのだから。

例えば1日に10万円分の商品をつくるとする。それが売れれば前貸しされた労賃と材料費をあわせた金額が取り戻せる。資本家は、その同じお金と期間で、12万円分の商品を生産させる。すると2万円分が剰余価値となる。このように資本主義の生産過程は、単なる労働過程にとどまらず、価値増殖過程となる。

なぜそんなことが可能か。労働力が売られたときの価値は、その能力を維持するために必要な生活手段の価値で決まっている。しかしその使用価値である価値を創造するという役割は、労働力が売られたときの価値よりも多くの価値を生み出すからだ。その量の差が剰余価値となり、資本増殖の源泉となる。

読み解き

第5章　労働過程と価値増殖過程

商品にプラスαの値打ちをつける生産過程のカラクリ

量をつくる労働へシフト

『資本論』の原著で第5章は、第1節と第2節に分かれている。第1節は「労働過程」というタイトルで、労働の移り変わりについて述べている。

もともと自然のもとで自分に必要なものを生み出すのが労働だった。しかし資本主義社会になった時点で、資本家という雇い主が登場し、そのもとで生産物をつくり出す。生産物は資本家の所有物になるが、それでも使用価値をつくり出すという点は資本主義以前と同じ、ということをマルクスはいっている。

資本がどんどん増えていく秘密

資本家のもとで行なわれるようになった労働は、資本家にとってプラスαの値打ちを生み出さなければならない。資本家は儲からないことはしないということだ。

第2篇第4章でマルクスは、「G→W→Gx」の剰余価値xが生まれる背景について述べていたが、ここではその剰余価値が具体的にどうやってひねり出されるのかを述べている。マルクスはこの節で価値形成過程と価値増殖過程という言葉をくり返し使っている。

例えば、ボールペン工場で働く労働者が1日7000円の給料をもらえるとする。彼には1本100円のボールペンを1時間で50個つくる能力があったとすれば、1時間で5000円分、2時間で1万円分のボールペンをつくることができる。もちろん実際には材料費や光熱費がかかるので、5時間かけて7000円分の価値を生み出したとする。ここまでが価値形成過程。

それでも実質彼が働くのは1日8時間ほど。この時点で雇い主にとっては3時間分の剰余価値が生まれる。

働かせる時間を長くすれば、さらに多くのボールペンが生産されて剰余価値は増える。これが価値増殖過程となり、資本が増殖していく秘密なのだ。

資本が増殖する理由
日給7000円の労働者
● 5時間で7000円分の価値になる働きができる
日給＝売上げ → 価値形成過程
● 5時間を超えて働くと……
売上げ－日給＝剰余価値
→ 価値増殖過程
資本が増殖する

あらすじ

第6章　不変資本と可変資本

資本は変わる部分と変わらない部分がある？

商品は、材料などの労働対象に、道具などの労働手段を使い、労働力を使う労働を加えてできあがる。しかし労働対象や労働手段も商品であることが多い。料理の材料も道具も店で買って入手する。すなわちそれらにも価値が一定量そなわっている。

これら生産手段の価値は、新しくつくり出す商品がもつ価値の一部となる。その移転を行なうのが労働だ。労働には2つの側面があった。ひとつが具体的なものをつくり出す実際の作業で、その労働の質によって、生産手段の価値が新たな商品に移し替えられる。同時に、単なる量としての労働で、生産手段から移し変えられる以上の価値を付け加えるのだ。

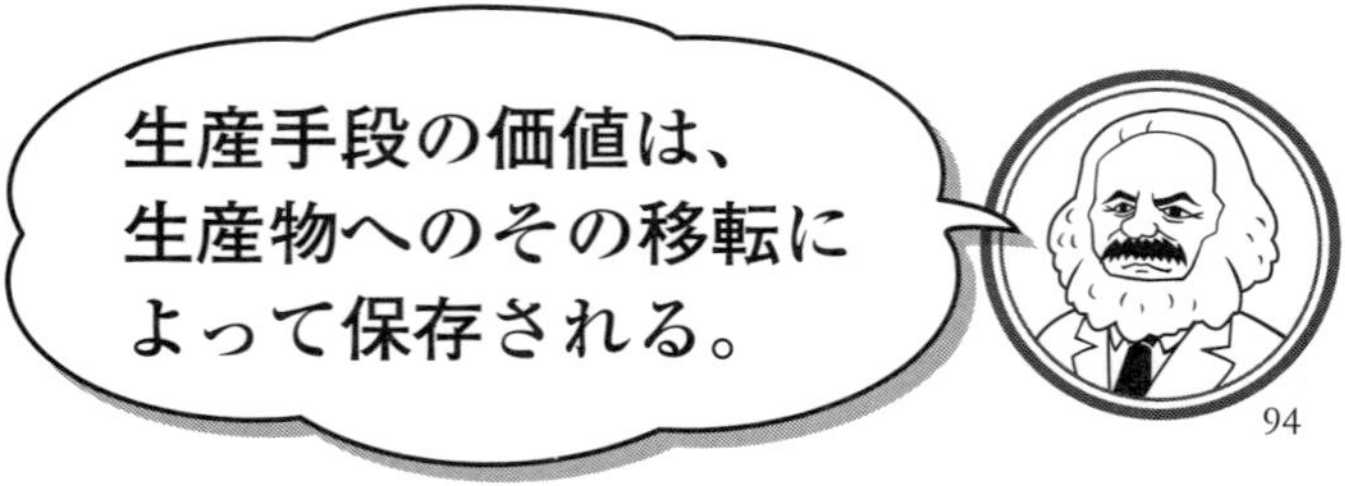
生産手段の価値は、
生産物へのその移転に
よって保存される。

しかし大工場の機械など、とても大型で高いものも労働の道具である生産手段のひとつだ。これなどは材料とは異なり、何年も使い続ける。その場合は、日々の労働で移転される価値の分だけ、元の機械から価値が減っていく。365万円の機械ならば、365日働くうち、1日1万円の価値を新しく生み出される商品に移転する。そして365日間、それが持続することになる。

先に述べた労働対象、労働手段は、初めに前貸しされる貨幣が表わす価値を超える価値を生み出さない。いっぽう、労働力は、前貸しされる資本以上の価値を生み出す。そして新しく生産される商品がもつ価値のうち、生産手段から移転される価値以上の価値は、この労働力が付け加えた分にほかならない。

前貸しされる総資本のうち、材料や機械・設備など価値増殖しない分の資本を「不変資本」という。いっぽうこの生産過程で、新たに価値を付け加え、もとの資本以上の剰余価値を生み出す労働力に前貸しする資本を「可変資本」と呼ぶ。

読み解き

第6章　不変資本と可変資本

新たな商品の価値と機械や原材料の価値との関係

価値を引き出すのはいつも人間

商品の価値を形成しているのは、人間が汗水を流して働いた労働時間、というのがマルクスの説だ。しかし商品をつくるには、労働力だけでなく、原材料や機械も必要。それらもかつては商品だった。

過去につくられた原材料や機械が、これからつくる商品の価値に移されていくとしたら、新しい商品の価値の一部は「過去の労働」ということになる。これでは、今汗水を流して働いた労働がそのまま価値になるとはいえない。この問題について、マルクスはいう。過去の労働でつくられた商品が価値を生むのではなく、その価値を今の労働がこれからつくる商品に移転させるからこそ、新たな価値を含む商品になる、と。

つまりボールペンに必要な原材料のインクは、もともと別のところから買った商品だが、インク自体がボールペンの価値を生み出すのではなく、その価値を新しくつくるボールペンに移転させる労働から、新しい価値が生まれるといっているのだ。

生きた労働が新たな価値を生む

では何度でも使える機械ならどうなるか。もちろん労働者の手によって毎日少しずつ新たな価値を引き出している。

例えば10万円でパソコンを買ったとする。パソコンは税法上4年間もつとされているので、1日およそ68・5円の価値が商品に移転されている計算になる。ただしこの価値の量は、労働の質によって変動する。パソコンをまったく使えない労働者なら、1円の価値も新たな商品に移転できないが、パソコンが得意な労働者ならば、1日で68・5円以上の価値を新たにつくる商品に移転させることができる。

こうしたことからマルクスは、機械や原材料じたいは価値を変化させないという意味で「不変資本」、労働者は量としての労働時間の長さで価値を変化させられるので、「可変資本」といういい方をしている。

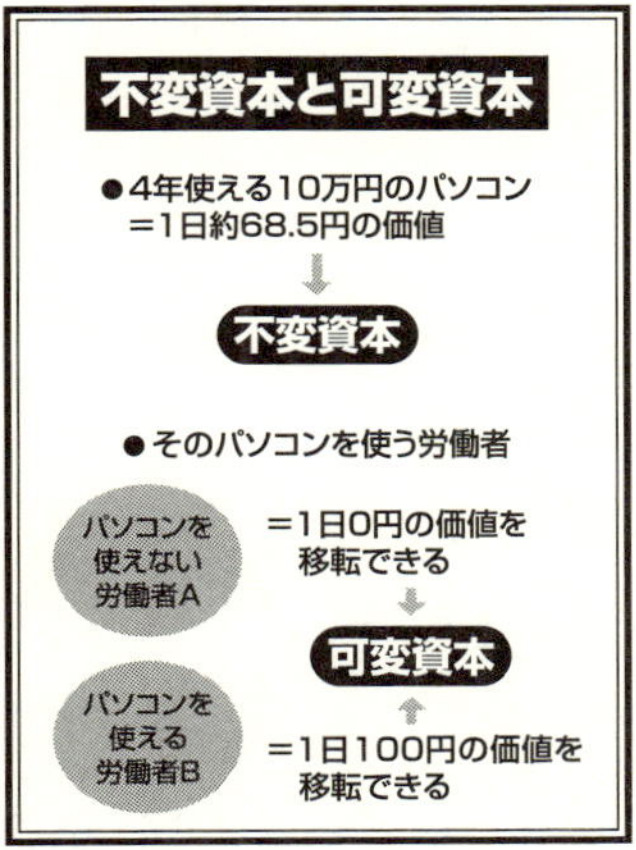

不変資本と可変資本
●4年使える10万円のパソコン
=1日約68.5円の価値
不変資本
●そのパソコンを使う労働者
パソコンを使えない労働者A
=1日0円の価値を移転できる
可変資本
パソコンを使える労働者B
=1日100円の価値を移転できる

あらすじ

第7章　剰余価値率①

労働者はどれくらいしぼり取られているの？

資本家が前貸しした資本が５００万円だとする。その内訳は材料や道具・機械などの不変資本に４１０万円、労働者に支払う労賃である可変資本に90万円だった。そこで生み出された商品が全部売れると、売上げは５９０万円。利益が90万円で、同じことだが、剰余価値は90万円だったとする。

不変資本は生産手段に前貸しされた部分でこれをc、可変資本は労賃に前貸しされた部分でこれをv、剰余価値をmとする。生産過程を終えて出てきた商品は、（c＋v）＋mの式にまとめられる。搾取《さくしゅ》とは、資本が労働者からしぼり取った価値のことをいう。つまり剰余価値は、労働者から搾取した価値のことだ。

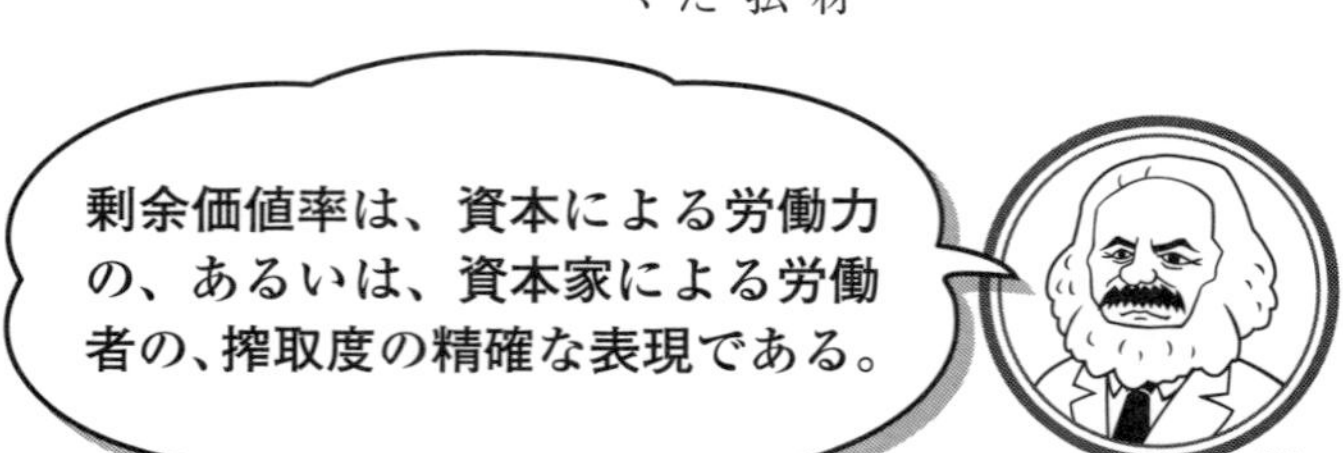
剰余価値率は、資本による労働力の、あるいは、資本家による労働者の、搾取度の精確な表現である。

資本家が労働者からどれくらい搾取しているかは、可変資本に対する剰余価値の比率で表わす。つまりm÷vであり、先の商品でいうと、剰余価値90万円÷可変資本90万円ということだ。この答えは1、つまり100パーセントということになる。

剰余価値は可変資本、すなわち労働力が価値を生み出す結果の一部であり、不変資本が生み出す価値ではない。

労働者はこの工場で材料や機械などをつくり出したわけではない。そこに新たな価値を加えるものこそ剰余価値を生み出す。労働者は決められた労働時間のうち、一定時間は労働力に対して支払われた分の価値を生み出すために働いている。

例えば剰余価値率が100パーセントだとすると、1日の労働時間のうち、半分は労賃分の価値を生み出すために、残りの半分が剰余価値を生み出すために働いたということだ。

このように、労働時間のうち労賃のために働く部分を「必要労働時間」、それを超えて働く部分を「剰余労働時間」という。

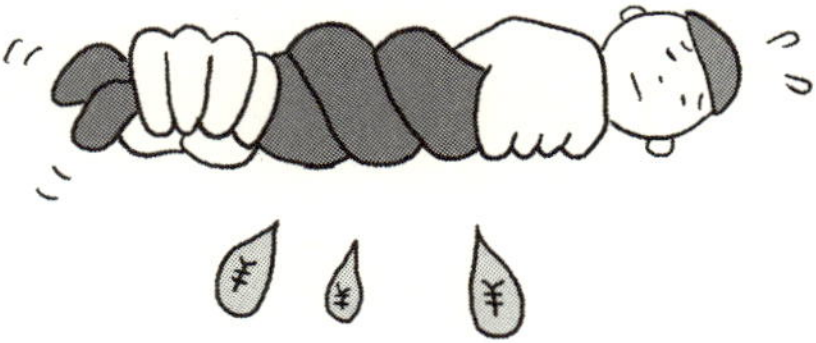

読み解き

第7章　剰余価値率①

労働者が資本に搾取されている割合の計算式

「利益m÷給料v」がピンハネ率

マルクスは章の冒頭で、商品の価値を分析する式を提示している。不変資本をc、可変資本をv、剰余価値をmとした場合、商品の価値は「c+v+m」になるとした。つまり、材料費や光熱費が不変資本のc。労働者に支払う給料が可変資本のv。生まれる利益がmだ。これらをすべて足したのが、生産された商品の価値というわけだ。

労働者に支払う給料と生まれる利益を比較すれば、余剰価値率が見えてくるとマルクスはいっている。「利益m÷給料v」。これが剰余価値率、すなわち労働者からしぼり取ったピンハネ率だ。

剰余価値率と利益率は違う

具体例を出して考えてみよう。1本100円のボールペンを1時間で50本つくれる労働者がいる。彼が1日8時間働けば、売上げは単純計算で4万円。

今度はそこに資本家の投資を考慮して考えてみよう。4万円の売上げを出すためには、材料費や光熱費で2万6000円かかったとする。さらに労働者の給料で7000円支払う。残った金額は7000円。これが純粋な利益。先ほどの計算式に当てはめると「利益分7000円÷給料7000円」となるので、ピンハネ率は100%ということになる。

つまり労働者は本来なら1万4000円分の仕事をしているのに、利益と同じ額がしぼり取られていることになる。

ここで重要なのが、ピンハネ率（剰余価値率）とは、労働者の給料を元手にどれくらいの利益を生み出したかという比率のことだ。資本家側からは「生まれた利益7000円を投資額3万3000円（材料費、光熱費＋給料）で割って生まれる数字がピンハネ率ではないのか」といわれるかもしれないが、それは単なる利益率で、労働者からの搾取《さくしゅ》を問題にしている『資本論』では重要ではないとマルクスはいっている。

労働者がピンハネされている値
日給7000円の労働者が、1日に4万円の商品を生産
材料費、給料などの経費3万3000円を引くと……
7000円の利益
7000円(利益)÷7000円(日給)=1
100%ピンハネされている!

あらすじ

第7章　剰余価値率②

利益率と剰余価値率ってどう違うの？

投資家は材料や機械などの不変資本に60万円、労賃の可変資本に20万円、あわせて80万円を投資した。1個1万円の商品を100個つくった。全部売れると20万円の利益。剰余価値率でいうと、100パーセントとなる。労働者は1日10時間働いたとする。

ある学者はいう。ここでの利益は20万円。つまり剰余価値は20万円なのだから、剰余価値率は投資額80万円に対する割合で、25パーセントとなる。だから労働時間を25パーセント減らせて、7時間半労働にするとなると利益はなくなってしまう。資本家は慈善事業をしているのではない。売上げが投資した額と同じだとすると、労働者は賃金を得られるが、資本家の収入はゼロだ、と。

剰余価値が表示される生産物分を、われわれは剰余生産物と名付ける。

この主張はまちがっている。労働時間を7時間半にすると生産量が減る。１００個の生産量は75個になる。すると原材料費も機械の消耗分も25パーセント減る。原材料と機械に含まれる価値は労働者が生み出すものではない。新しい商品に移転するだけだ。

可変資本分20万円は労働時間5時間に対して支払われる額だ。だから労働者の1時間は、4万円分の社会的平均労働量の価値を生み出すことになる。となると、7時間半労働だとしても、30万円分の価値を生み出す。ここでもやはり初めの可変資本への投資分20万円に対して、10万円の剰余価値を生み出しているわけだ。

労働者の働く1日は労賃分の価値を生み出す時間と剰余価値を生み出す時間にはっきり分けられているわけではない。彼の必要労働と剰余労働をあわせて「労働日」となる。
商品社会が生み出した経済学者は、この労働日の絶対的な延長が生む搾取《さくしゅ》のしくみが見えない。彼らの多くは、資本家の御用聞きとしてその理論を生み出すだけなのだ。

読み解き

第7章　剰余価値率②

12時間働かないと投資額が回収できないという説の誤解

シーニョアの最後の1時間

マルクスが『資本論』を書いていたころのイギリスでは、12時間労働などが平気でまかりとおっていたが、その短縮が考えられ始めていた時代だ。

イギリスの経済学者シーニョアは、労働者の労働時間短縮に反対していた。その根幹になる問題が「シーニョアの最後の1時間」という説だ。ここでマルクスは、『資本論』の本文中にそれを引用してくる。

例えば紡績業の労働者の場合、労働時間を12時間としたうえで、最初の8時間は原材料の投資額の元を取り、次の1時間で機械など労働手段の投資額の元を取り、次の1時間で労働者に支払う給料分の元を取り、ようやく最後の1時間で利益が出るという。だから労働者は最低でも12時間は働いてもらわないと、資本家にとって利益が出ないとした。

マルクスが導き出した剰余価値率というものは、資本家にとってはどうでもいい問題だった。彼らは利益率にばかり関心があるので、その発想でいけばシーニョアのような人物も出てくる。これについてマルクスは鮮やかに論破してみせるのだ。

不変資本と可変資本の理解が大切

シーニョアの説の穴は、不変資本を理解していないところだとマルクスは指摘する。たしかに可変資本である生きた人間が働かないと、原材料や機械は利益を生まない。しかし労働時間が減れば、不変資本の原材料も機械も消費されなくてすむので、結果、最初の投資額も少なくなる。

つまり労働時間を1、2時間伸ばせば剰余価値率は多少増えるが、同時に投資額も増えるので同じことなのだ。

だから最後の1時間でようやく利益が出るとするのなら、12時間にこだわらず10時間でも8時間でも構わない。マルクスの言葉をそのまま使うと、シーニョアの説は戯言ということになる。

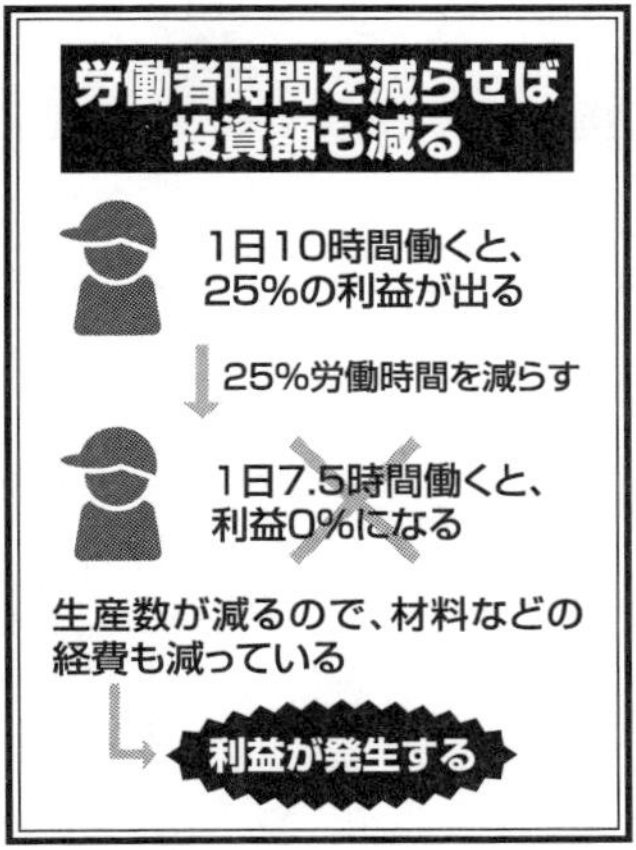

労働者時間を減らせば
投資額も減る
1日10時間働くと、
25%の利益が出る
25%労働時間を減らす
1日7.5時間働くと、
利益0%になる
生産数が減るので、材料などの
経費も減っている
利益が発生する

あらすじ

第8章　労働日①

労働者はどれくらい資本家にこき使われる？

労働日とは労働者の1日の労働時間のことだ。労働日は、賃金分の価値を生み出す必要労働時間と、剰余価値を生み出す剰余労働時間からなる。例えばある労働者の必要労働時間は5時間だとする。労働者の労働時間が5時間以下だとすると、資本家は可変資本分を取り戻せない（つまり赤字になる）。

労働者の労働時間が5時間だとすると、資本家は前貸しした分と同じ額を回収するのみだ。そして5時間以上の労働分は、すべて資本の増殖分になる。労働者がどれだけ働いても賃金は変わらない。すると当然、資本家は労働者をとことんまで働かせようとする。労働時間は12時間、16時間とどんどん長くなってゆく。

労働日は不変量ではなく、
可変量である。

もちろん労働者側も、自分たちの命と生活を守るために、労働時間の限界を定めようとする。こうして力と力の闘争が起こる。イギリスの工場労働者は、資本主義的生産体制ではない国の労働と共通する。例えばワラキア（ドナウ川流域）の農民の貴族に対する労働だ。彼らは税金を労働で支払う徭役《ようえき》労働に従事していた。

そこでは農民は自分の土地以外に、貴族の土地を、1年のうち一定日数耕す義務があったのだが、年を追うごとにそこでの日数は増え、自分の土地で働く時間が減っていったのだった。このように、資本は生きた労働の吸収によって活気づき、ますます大きくなる吸血鬼のようなものなのだ。

いっぽう工場法で労働時間の定めがあるイギリスではどうか？そこでも同じこと。労働日を延長する限界があるのなら、昼休みをなくしてしまう。たった数分の時間でも年に換算すると数千ポンドの価値になる。1分1秒が資本の利益の一部なのだ。資本家がそれを求めて、労働者を酷使する度合いに限界などない。

読み解き

第8章　労働日①

労働者は資本家のためにこき使われている

労働の最小限界はない資本主義社会

『資本論』の第7章までは、難しい理論の話がたくさん出てきたが、この第8章からは現実的な話になってくる。だからこそマルクスは、労働者に8章から読むことをすすめている。自分の体験に置き換えて考えてほしい、という意味の表われだろう。

まずマルクスは、労働時間の限界という部分にスポットを当てている。それによれば、労働時間の最大限界は存在するが、最小限界は存在しないと断言している。

1日は24時間と決まっているので、労働時間の最大限界が存在するというのはわかる。1日に24時間以上働ける人間はいないからだ。

では最小限界が存在しないとはどういう意味なのか。ここで重要なのが、これは資本主義社会においての話である、ということだ。労働時間には給料分と同じだけの価値を生み出す必要労働時間と、剰余価値を生み出すための剰余労働時間がある。ここで剰余労働時間がゼロになることはけっしてない。資本家の利益にならないからだ。

マルクスはそういう意味で、労働の最小限界は存在しないといっているのだ。資本家は労働者から少しでも多くをむしり取りたいので、ギリギリまで働かせる。

法律を破ってまで働かせる資本家

マルクスは次に、その現実を例に挙げている。7章でも説明したとおり、マルクスが『資本論』を書いた時代は労働時間の短縮が見直されていた時代だった。それまでイギリスでは12時間労働がふつうだったのだが、法律で規制されて10時間労働になった。国は工場の監督に報告書を書かせて、時間を守らせていた。

マルクスはその報告書を読んだうえで、こう続ける。「それでも実際は、法定時間を超えた労働が盛んに行なわれていた」と。法律で規制したとしても、資本家は隙を見つけて労働者を働かせたがるのだ。

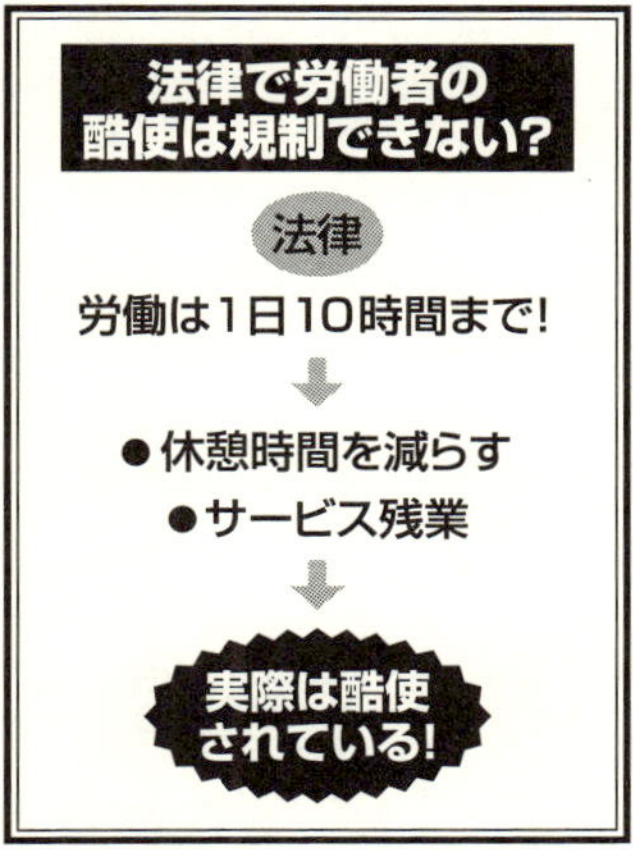

法律で労働者の酷使は規制できない?
法律
労働は1日10時間まで!
●休憩時間を減らす
●サービス残業
実際は酷使されている!

あらすじ

第8章　労働日②

子供も過酷な労働をしていたの？

イギリスでは工場法が成立しており、労働者の搾取《さくしゅ》に一定の制限をかけていることになっている。しかし生産部門によってはほぼ野放しの状態になっていることが、工場監督官の報告に読み取れる。ここではその一端を紹介しよう。

とあるレース工場では、9歳から10歳の子供たちが、その不潔なベッドから朝の2時や3時に起こされ、夜の10時、11時まで働かされていた。彼らの手足はしなびて、見た目はぼろぼろになり、人間性も何も感じない麻痺したような状態になる。そのように子供が酷使されるケースは非常に多く、そんな環境で育った子供たちにはもちろん、必要な学問もしつけもなされない。

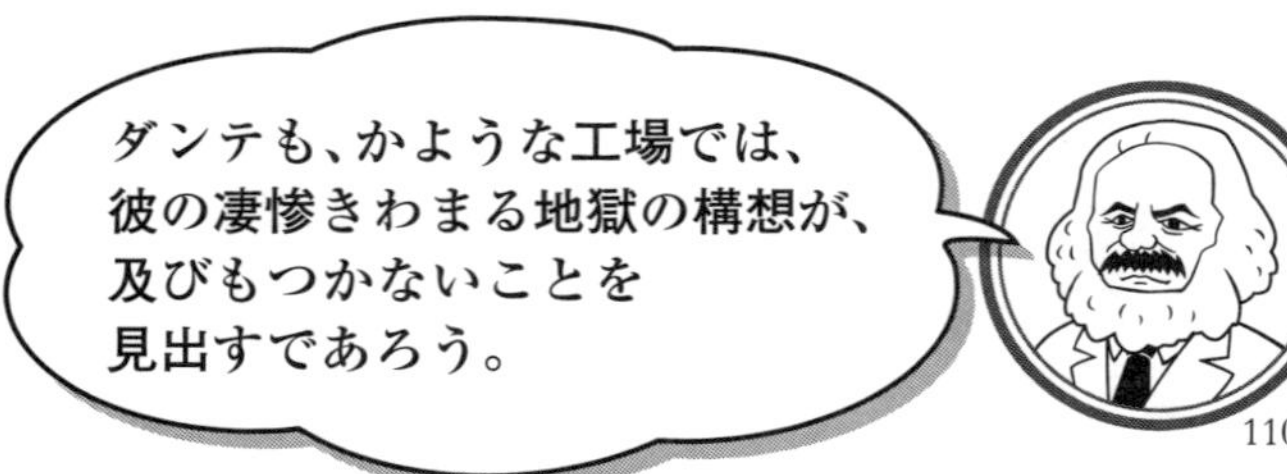
ダンテも、かような工場では、彼の凄惨きわまる地獄の構想が、及びもつかないことを見出すであろう。

また別の工場で働く子供は7歳10カ月から働き始めていた。毎朝6時に工場に入り、夜の9時まで働いていた。ときには朝4時に入ることもあり、徹夜もある。2日連続徹夜もあったという。昼休みに1時間もらったことはない。木曜日、金曜日、土曜日はいつも30分だ。そのような子供が同じ工場に8、9人いた。

不変資本、すなわち機械や設備の価値は、労働者の技術でその価値を商品に移し替える。したがって機械や設備を使えば使うほど、商品には多くの価値が移転するので、休ませていれば損だ。資本家は昼夜交代制を取り入れる。例えば製鉄所では溶鉱炉の火が消えれば、また火を入れて熱を上げるのに無駄な時間が生じる。だから昼も夜も労働者をあてがって火が消えないようにしている。

その製鉄所では3000人の大人と子供の労働者がいたのだが、500人が18歳未満、そのうち3分の1が13歳未満だった。工場主がいう。昼に働くのだったら、交代で夜間も労働すべきだ。大人がやるのだから子供ができない理由はない、と。

読み解き

第8章　労働日②

労働者を奴隷として見ている資本家たち

悲惨すぎる児童労働の実態

前の節でマルクスは、資本家は利益を得るために労働者を働かせたがるということを述べていた。ここからはその結果が生んだ悲惨な状況の例が、長々と書き連ねられている。

まず冒頭で登場するのは児童労働の実態についてだ。16時間働かされている7歳の少年は、食事をする暇もないので機械の前で作業しながら別の人に食べさせてもらっていたという。また、レース製造工場で働く10歳以下の子供たちは、深夜2時にたたき起こされて夜10時まで働かされるので、心身ともに弱り切っているという話など、奴隷と何も変わらないような労働実態が明らかにされている。

子供が労働力として重宝されていたのは、支払う給料が安くてすむし、純粋無垢なので反抗しないことが原因だという。また、機械を休ませることなく24時間連続で稼働させておきたいということで、多くの工場に昼夜交代制が取り入れられた。ここで活躍するのもやはり子供だった。

近代化の影響で労働日が長くなった

ここでマルクスは一転して、労働日、労働時間とは何かを今一度考えている。マルクスがいう労働時間とは、必要労働時間を超えた剰余労働時間をどこまで伸ばせるかだが、資本家からすれば、24時間から休む時間を引いたものが労働時間になる、といっている。労働者も人間なので、休む時間以外にも遊ぶ時間だって必要だ。しかし資本家はそこを見ようとしない。少しでも多く働いてもらいたいからだ。

マルクスがいうには、こんな体制になったのは18世紀からだそうだ。それまではむしろほとんどの人が働いていなかった。

しかし産業革命など近代化の波に押されて、労働者には労働の義務を与えるべきという声が高まっていった。そして労働日はどんどん延長されていった。

加速する資本主義
資本家の考え
1日24時間ー休憩時間
=労働時間
大人にも子供にも
労働させる
18世紀から産業革命などで
近代化したために資本主義化
が加速した

あらすじ

第8章　労働日③
労働者はどのようにみずからを守ったか？

資本家にとって、労働者の1日の労働時間とは、端的にいって24時間だ。ただそれでは労働者自身が継続的に労働できなくなるので、そのためだけの休息時間を与えているにすぎない。労働者が求める教育のための時間、友人や両親との時間、日曜日の礼拝の時間などは、資本家にとって「無駄な時間」だ。

そこで労働者の権利を守るために「標準労働日」を決める長い闘争がくり広げられた。イギリスでは14世紀半ばから17世紀末まで、なんと国家が労働者を無理に働かせる法律があった。そこでは貧民を「理想的な救貧院＝恐怖の家」に閉じ込め、毎日14時間の労働を行なわせるという手段がとられていた。

労働日は、毎日まる二四時間から、それなくしては労働力が絶対に再度の用をなさなくなる僅かな休息時間を、差し引いたものである。

労働日を限界まで引き延ばすことは、18世紀後半に大工業が産まれるまで続いた。資本は最盛期の勢力を誇り、ある裁判では、昼とは何で夜とは何かをていねいに説明する必要に迫られるほどだったという。しかし1802年から労働者階級の反抗が功を奏し始める。労働法が成立したのだ。

もちろん当初それは意味をなさなかった。1833年の改正以前、少年少女は終日意のままに資本家にこき使われたという。その改正でようやく標準労働日が導入される。法律はよいが、その違反を裁く判事は資本家から選ばれることになっていた。当然、自分たちを罰する判例をめったに積み上げることはなかった。

1844年、さらなる改正において、児童とともに18歳以上の婦人に対する使用の制限がなされるようになった。労働時間は12時間に制限され、夜間労働は禁止された。ここで初めて成人の労働を保護するようになった。しかし成人の男子労働者の労働日は制限されていない。

読み解き

第8章　労働日③

奴隷のような生活から抜け出すために戦った労働者たち

労働者たちの運動が実を結ぶ

第8章の終盤では、労働者たちの戦いについて記されている。奴隷と変わらない待遇を受けていた労働者たちが、その後どうなっていったかを書いているので、『資本論』の中でも歴史的な記述が多い部分だ。

前の節で解説したように、産業革命による近代化の波が押し寄せてくると、労働日の延長がなされるようになった。ここから

労働者たちは奴隷のようにこき使われるようになる。1日12時間労働ならまだいいほうで、14～16時間労働は当たり前だった。

現代なら職場を変えたらいいが、当時はそうもいかない。どこの工場もほとんど似たような待遇だった。それならどうするか。戦うしかない。

労働者たちも戦った。選挙権を得た労働者たちは盛んに労働運動を行なうようになり、1833年にはとうとう近代的な工場

法を成立させる。その工場法ではふつうの労働日を、朝5時半から夜8時半までと設定した。夜間労働も禁止されたので、労働者たちにとって大きな進歩といえる。

資本家の反撃が始まった

労働者たちの運動はさらに加速し、1840年代にはとうとう10時間労働法案が可決された。しかし、ここが限界。1848年にフランスで労働者の暴動が起きると、イギリスでもその弾圧が広まり、労働者の発言力が落ちてしまう。

ここで資本家たちの反撃が始まる。権力をもっている資本家は、工場法を無視しても無罪を勝ち取れるようになったので、工場法は労働者たちにとって意味のないものになってきた。

しかしこのあと、労働者と資本家の戦いは急に減っていく。機械工業の発達による影響だ。この部分は第13章で説明する。

労働日の闘争について書いてきた第8章は、戦い抜いた労働者たちにマルクスが賞賛を贈る形で幕を閉じる。

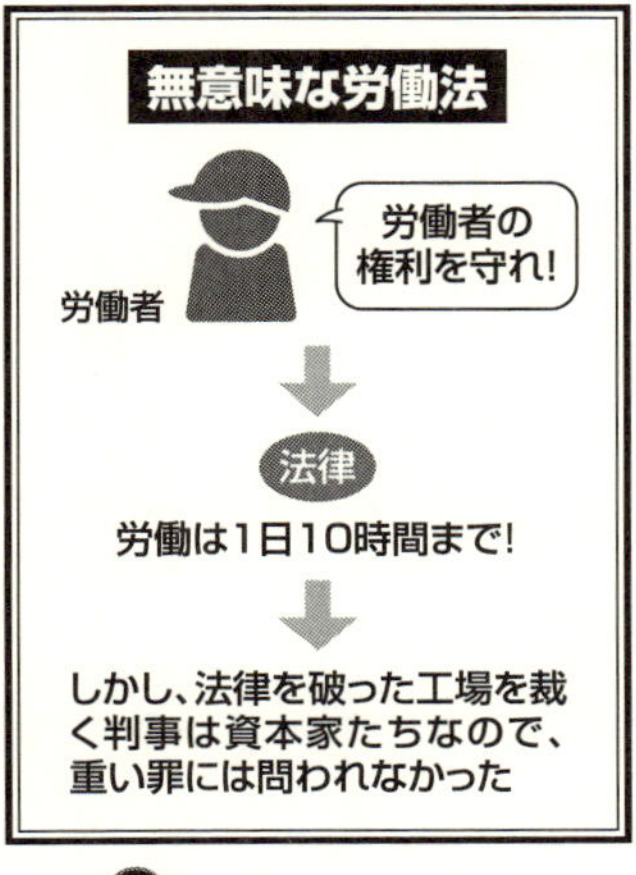
無意味な労働法
労働者の権利を守れ!
労働者
法律
労働は1日10時間まで!
しかし、法律を破った工場を裁く判事は資本家たちなので、重い罪には問われなかった

あらすじ

第9章　剰余価値の率と剰余価値の量

儲けの「額」をとことん大きくするには?

可変資本とはつまり人件費の総額であり、その総額は労働者の数によって増減する。ところで資本家がひとえに求めるのはより多くの剰余価値だ。したがってその量を増やそうとすると、98ページで説明した剰余価値率に、可変資本の総額を乗じて産まれる剰余価値の量が重要になってくる。

剰余価値率とは、剰余価値÷可変資本の率で、要はどれだけ労働者から搾取《さくしゅ》しているかの割合を示す。ひとり当たり剰余価値を1日に10万円生み出すとして、日当は10万円だとすると、剰余価値率は100パーセント。労働者を10人雇えば、先の剰余価値率に10をかけて、剰余価値の量100万円が計算される。

たんなる量的変化が、ある一定の点で質的差異に転化する。

つまり剰余価値の量を増やすには、2つの方法がある。剰余価値率を高めるか、初めに前貸しする可変資本を多くするか（より多くの労働者を雇うか）だ。剰余価値率には限界がある。なぜなら単純に1日は24時間しかないからだ。つまり労働日をどこまで延長しても、それ以上は長くできないからだ。

となると労働者の数を増やすことになるのだが、それ以上によい方法がある。前貸しする資本には可変資本と不変資本がある。その不変資本に前貸しする額を大きくするのだ。つまり材料や機械・設備にばく大な投資を行ない、そこからいかにうまく価値を移転させるかが次の課題となってくる。

ここまで労働日の法外な延長を通じて、剰余価値をより多く搾取するかという絶対的剰余価値を生み出す過程を見てきた。そこには一定の限界がある。それでもなお剰余価値の増大を目指すのならば、次の方法が必要になってくる。それが「相対的剰余価値の生産」だ。以降の章でそれを見ていこう。

読み解き

第9章　剰余価値の率と剰余価値の量

労働時間を長くしなくても資本家が儲ける方法がある

労働者を大量導入すればいい

これまでマルクスが述べてきたように、剰余価値を多くするために労働時間を長くすることには限界がある。労働者と資本家との闘争が起きてしまう可能性もある。

ここでマルクスは、すんなりと答えを出す。労働時間を長くせずに、資本家がより多くの利益を得るためには、労働者の数を増やせばいい、ということだ。

どうしてそれで、より多くの剰余価値が生まれるのか。やはり図式で考えてみればわかる。1日8時間働く労働者がいて、日給は7000円だとする。剰余価値率は100パーセント。つまり、7000円の給料分の価値を生み出すことはもちろん、1万4000円分の働きをしているので、資本家に給料分と同じ7000円という額を搾取《さくしゅ》されているわけだ。

ここで労働者の数を単純にかけ算する。

労働者が１００人いれば、７０００円×１００人で70万円。２００人いれば倍の１４０万円という額が、１日で生み出した剰余価値となる。このように労働者が多ければ多いほど、資本家は儲かるのだ。

しかしそこには矛盾がある

とはいうものの、実際はそう単純ではない。労働者がたくさんいるほうが儲かるというのなら、どこの企業や工場も人であふれかえっているはずだ。実際資本家は、労働者よりも新しい不変資本（機械）を増やすことに心血を注ぐ。マルクス自身も、経験と明らかに矛盾しているといっている。

　資本がある程度大きくなってくると、新しく導入した原材料や機械といった不変資本の価値をうまく引き出さなければならない。そのためにまた労働者たちが必要になってくるのだが、ここでは労働者たちから利益をしぼり取るのではなく、機械や原材料からしぼり取るという形になってくる。この中に矛盾を解くカギがありそうだが、それはもう少しあとで解説する。

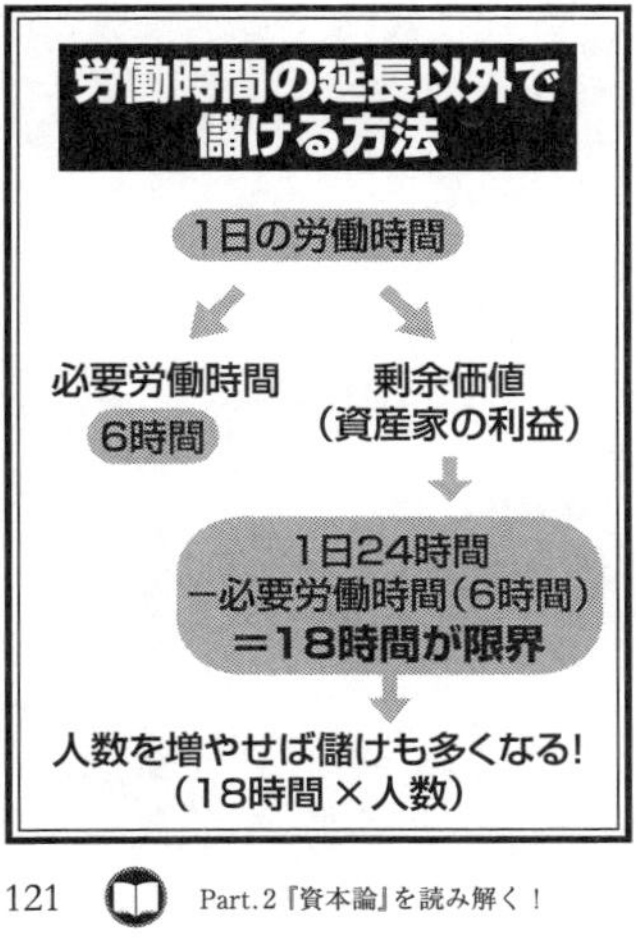

第4篇 相対的剰余価値の生産

労働時間の延長に加えて、資本は生産力を高めることで剰余価値を増やす「相対的剰余価値」の増大を目指す。資本主義は「手工業」から「工場手工業」、やがて「大工業」へと至る。

第10章 相対的剰余価値の概念

第11章 協業

第12章 分業と工場手工業

第1節 工場手工業の二重の起源
第2節 部分労働者とその道具
第3節 工場手工業の二つの基本形態——異種的工場手工業と有機的工場手工業
第4節 工場手工業内の分業と社会内の分業
第5節 工場手工業の資本主義的性格

第13章 機械装置と大工業

第1節 機械装置の発達
第2節 生産物にたいする機械装置の価値移転
第3節 機械経営が労働者に及ぼす第一次的影響
第4節 工場
第5節 労働者と機械との闘争
第6節 機械装置によって駆逐された労働者にかんする補償説
第7節 機械経営の発達にともなう労働者の反撥と牽引。綿業恐慌
第8節 大工業による工場手工業、手工業、家内労働の革命
第9節 工場立法（保健・教育条項）。イギリスにおけるその一般化
第10節 大工業と農業

あらすじ

第10章　相対的剰余価値の概念

生産力が高まると、労働の価値が下がる!?

絶対的剰余価値を増やすには労働日を限界まで延ばせばよかった。1日8時間労働を12時間に増やすことなどだ。これに対し、相対的剰余価値というものを増やして、剰余価値の量を増やすやり方がある。それに必要なのは、生産力を高めることだ。つまり1時間100個だった生産力を200個にするというような具合だ。

労働時間は、必要労働時間と剰余労働時間とに分けられる。前者が、自分の労働力に支払われる賃金の価値分を生み出す時間。後者はそれを超えて価値を生み出すことで、その分が剰余価値となる。1日の労働時間のうち、必要労働時間を減らして、剰余労働時間を増やすと、同じ時間働いたとしても剰余価値は増える。

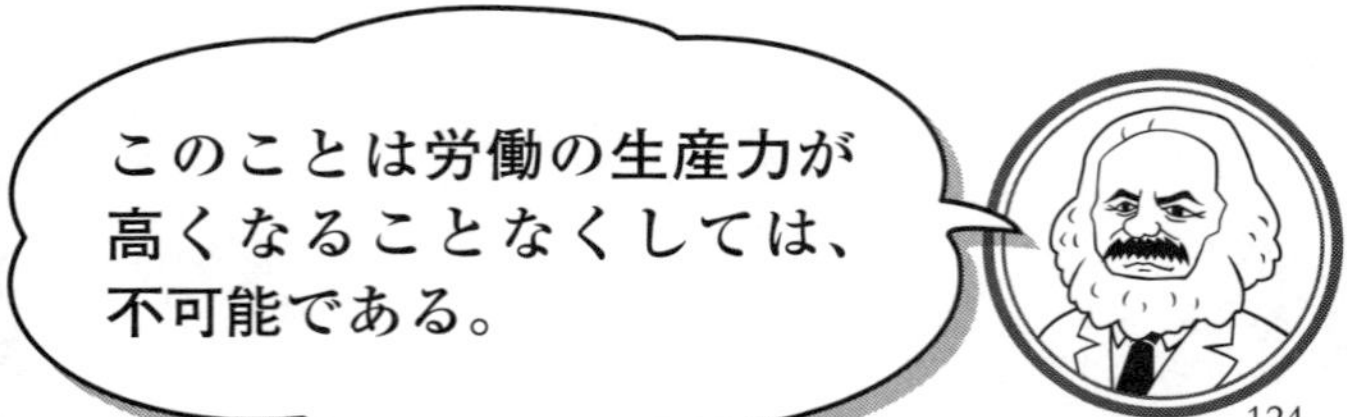
このことは労働の生産力が高くなることなくしては、不可能である。

1時間の労働が600円分の価値を生み出し、12時間で12個の商品を生産する。1個の商品に含まれる原材料などの生産手段がもつ価値は600円だとする。このときこの商品は1200円。全部売れると、売上げが1万4400円になる。

生産力が倍に高まり、12時間労働で24個商品を生産するとする。1個あたりの生産手段の価値は変わらず600円。しかし1日の労賃は変わらないので、その価値は24個の商品に含まれるようになり、1個あたり300円になる。するとこの商品の価値は、1個900円。24個で2万1600円。12個だと1万800円になる。

すると投資家はこの商品を当初より100円値下げした1100円で売ったとしても、1個あたり200円の利益が出る。12個では2400円だ。このように、商品の生産に必要な労働時間を減らし、「相対的に」剰余価値を増やすのだ。同時に、生産力が高まると、1個の商品の価値は減る。そのことは労働力の価値じたいも減らすことになる。

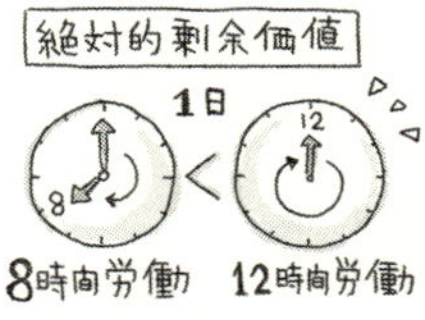

読み解き

第10章　相対的剰余価値の概念

労働時間を短縮することで儲けにつながる

生産力の増大がカギ

おさらいになるが、労働者に日給6000円を支払う場合、資本家がその額を回収するために働いてもらうのが必要労働時間、利益を生み出してもらうのが剰余労働時間だ。1日8時間労働として、4時間で6000円分の働きをすれば、残りの4時間分の価値6000円は資本家の懐へ入るというしくみだ。

総労働時間を8時間から10時間に増やせば、剰余労働時間も増える。これは今まで説明したとおりだが、第4篇でマルクスは、今までとくに触れてこなかった必要労働時間の短縮を論じる。

前述の例でいえば必要労働時間は4時間。これを2時間に減らしたら人件費の半分しか回収できないので、必要労働時間とはいえなくなる。だからマルクスは「必要労働時間が短縮できる場合」といういい方をしている。短縮できる場合とは、必要労働時間が短くなっても人件費を回収できることだ。つまり生産力の増大。人件費6000円の回収に4時間かかっていたところ、2時間で済むようにするということだ。

資本主義社会は生産力を増大させる

　そうなると当然、1日8時間の労働時間のうち、残りの6時間がまるまる剰余労働時間となる。総労働時間を増やさなくても、剰余労働時間が増えるのだ。マルクスは必要労働時間を下げたことで生まれる価値を「相対的剰余価値」と呼んだ。

　生産力の増大によって、1日に50個つくっていたものが、100個できるようになるように、今まで必要だった労働時間以下で生産することで生まれる利益を「特別利潤」と呼んでいる。ほかの企業も生産力を増大させていけば、特別利潤はなくなっていくが、そうなると今度はまた、さらなる生産力増大のために新しい技術を開発しようとする。こうして資本主義社会はどんどん生産力を高める社会になっていくのだ。

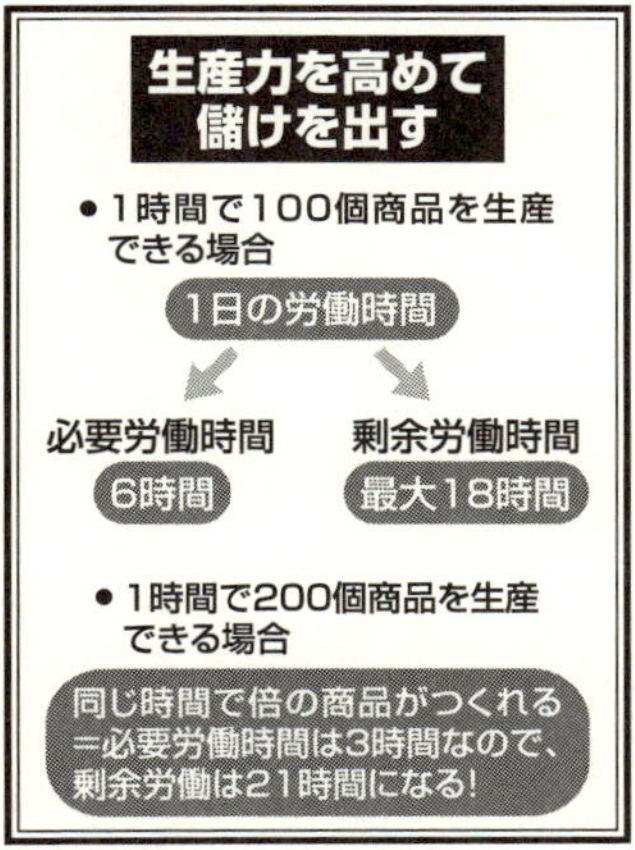
生産力を高めて
儲けを出す
● 1時間で100個商品を生産できる場合
1日の労働時間
必要労働時間
6時間
剰余労働時間
最大18時間
● 1時間で200個商品を生産できる場合
同じ時間で倍の商品がつくれる
=必要労働時間は3時間なので、
剰余労働は21時間になる！

あらすじ

第11章　協業

労働者が集まると何が変わるの？

資本主義的生産様式の基本は協業だ。協業とは、あるものをつくるのに関連のある労働が計画的に多数集められて、協力しあう体制だ。このことが生産力の格段のアップを実現する。労働者が多くなるだけでも、剰余価値の量が増えることは、120ページで述べた。それに加えて相対的剰余価値を増やすことにつながる。

多くの労働者が集められると、競争力と活気が生まれる。例えば12人の労働者が12時間協業で働くとする。いっぽうで、その12人が別々に12時間働くとする。そのとき前者ははるかに高い生産力を発揮する。これは、アリストテレスがいったように、人間とは社会的動物である、というところからくる。

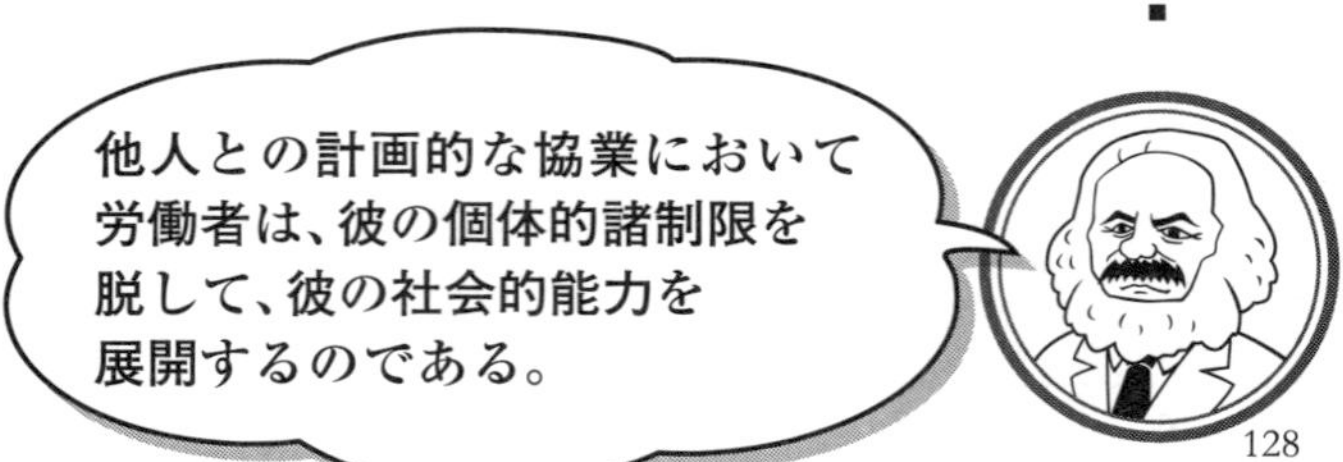
他人との計画的な協業において労働者は、彼の個体的諸制限を脱して、彼の社会的能力を展開するのである。

1章で社会的平均労働ということをいった。この労働の形は協業において典型的に現われる。労働者は5人よりも10人、10人よりも15人と増えれば増えるほど、ひとりひとりの平均した労働量は、ならされる。そうしてある特定の使用価値を生み出す労働は、社会で「働くこと」そのものの性格をもつようになる。

協業では道具や機械など生産手段の共同使用により、より効率よく価値移動がなされる。多数の人数で使われるので、一定時間当たりの価値がより大量に引き出されるのだが、さらに大量の商品に移されるため、1個あたりに含まれるその割合は減る。ということは1商品に占める資本の不変部分の割合が減り、値段が変わらなければ、剰余価値の占める割合が増える。

労働者がばらばらに働いていようが、1カ所に集まって働いていようが、雇い主は同じ値段を必要とする。しかし資本が彼らを1カ所に集める。したがって労働者の社会的労働者としての生産力は、資本のほんらいもつ生産力なのだ。

読み解き

第11章　協業

生産力を増大させるには一緒に働くことがいちばん

同じ場所に多くの労働者を集める

この章からは、前の章で出てきた生産力の増大について、具体的にどうすればいいのかが述べられていく。生産力を増大させるには、単純に新しい機械を導入すればいいのだが、それについてマルクスは「あくまで一種の技術」としている。もちろん新しい機械を入れると生産力も増大するのだが、機械だけではそうならない。生産力増大のシステムをつくるのは人間なのだ。

そこでマルクスは「協業」について述べる。多くの労働者が同じ種類の生産物をつくる目的で、同じ場所、同じ時間に一緒に働くことだ。

協業に潜むメリットの数々

そんなことだけで本当に生産力が増えるのか、と疑問に思ってしまうが、じっくり考えてみるとマルクスのいっていることが見えてくる。現代でも通じることだが、工場や会社にはたくさんの種類の機械や道具がある。それらは当然、誰も使っていないときもあるだろう。しかし同じ場所で多くの人が働いていると、機械や道具が眠っている時間を減らすことができる。

　つまり、同じ場所、同じ時間で労働者たちを働かせるということは、機械や道具をつねに使っている状態にするということ。機械類はつねに価値をしぼり出されることになるし、ひとりひとりに道具を与える必要もないので、経費削減にもなる。

　パソコンがたくさんあるより、限られた台数を交代で使い続けたほうが安いし、スリープ状態にもならないというわけだ。また一緒に働いている仲間がいれば、競争心も芽生え、やる気も湧き出てくるので、精神的な向上も見込める。

　さらに同じ場所で仕事をするということは、指揮をとる役割の労働者も出てくる。会社でいうところの社長も、指揮をするという役割をもった労働者なのだ。もちろん資本家は株主ということになる。

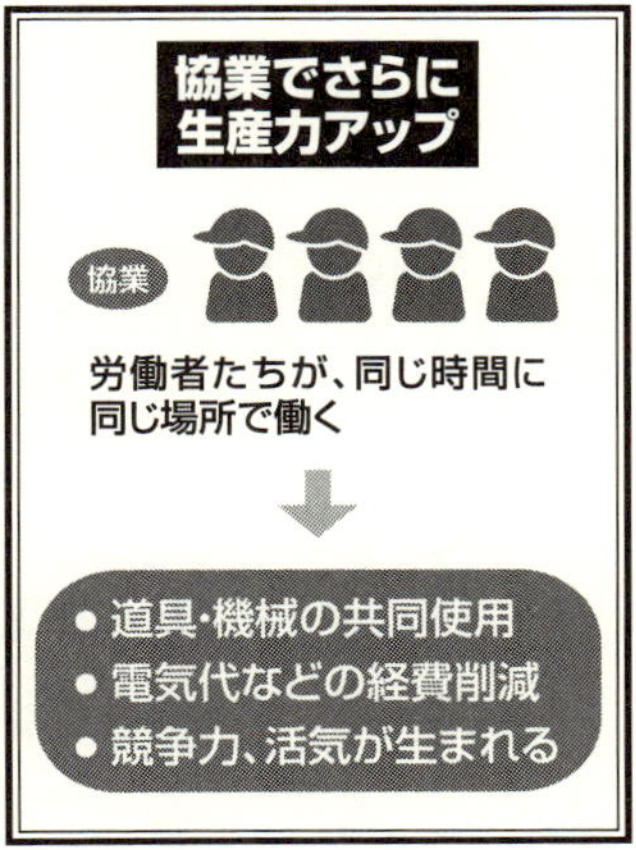

協業でさらに生産力アップ
協業
労働者たちが、同じ時間に同じ場所で働く
・道具・機械の共同使用
・電気代などの経費削減
・競争力、活気が生まれる

第12章 分業と工場手工業（マニュファクチャ）①

資本主義は分業体制でどう変わったの？

資本主義生産体制が発展すると、多くの労働者が集められて生産する協業はその特別な体制「分業」生産をなすようになる。そしてこの分業体制が歴史において実現されたのが、工場手工業（マニュファクチャ）だ。分業では、労働者の役割分担が細分化され、専門的になり、より体系づけられた生産体制をとる。

一例として時計生産での工場手工業を見てみよう。時計の生産には、バネ製造工、文字盤製造工、指針製造工など、完成するまでに約30工程を経る。手工業ではひとりの職人がすべてをこなすのだが、分業では各工程に専門の労働者をつける。すると熟練時計職人が製造するよりも格段に生産力が高まる。それが分業だ。

部分労働者の一面性と
その不完全性さえもが、
全体労働者の肢体としては、
彼の完全性となる。

以前は複雑で多くの部品を必要とする製品をつくるのに、それぞれの部品専門の職人が独立して、生産していた。資本主義体制の発展とともに起こる生産力の増大は、初めから計画的にこれらをひとつの空間に集めようとする。つまり工場に集め、それぞれの工程に必要な労働者を計画的に配分する。

このことで、ひとつの作業から次の作業へ移る際に生じる時間のロスがなくなり、各工程間がスムーズに連携する。各工程に必要な道具は、特殊な作業に応じて、種類が増えてくる。そうして分業体制は、同じ時間内により多くの商品を生産する。

手工業で最も大切にされた熟練した技術は、分業体制では意味をなさなくなる。各労働者は商品生産の一過程だけに関わり、その範囲だけに「奇形化」された「部分労働者」となる。彼らは何の商品も生産することができない。1個の完成した商品をつくるのは、「全体労働者」としての組織だけだ。工場手工業が発展するほど奇形の労働者が増えることと同時に、労働力の価値は減っていく。

読み解き

第12章　分業と工場手工業（マニュファクチャ）①

能力をもった労働者が社会の歯車になっていく過程

分業して商品生産速度を上げる

労働者たちが同じ場所に集まって協業をするようになると、作業を分担して行なう分業が起こる。それがマニュファクチャという段階だとマルクスは指摘している。つまり工場手工業のことだ。

マニュファクチャが誕生するまでの労働者たちは、各自が独立して商品を生産していた。マルクスが挙げたように時計を例に出そう。時計はバネをつくったり、文字盤をつくったりと、30ほどの工程をふまえて完成する。時計をつくっていた労働者は、それらの工程をすべてひとりでこなしていたので、完成まで時間がかかっていた。

しかし協業が行なわれるようになり、マニュファクチャの段階になると、大勢の労働者で作業を分担して、生産までのスピードを上げるシステムが生み出された。ある労働者はバネを専門につくり、ある労働者は文字盤を専門につくる。そうしてみんなでひとつの商品を大量生産することが、マニュファクチャの真髄だ。

労働者の質は下がる

なるべく多くの人で分業して、より多くの商品をつくろうとすると、生産過程もどんどん分割されていく。バネをつくる作業をさらに分割して、バネのカーブだけをつくる人、バネを小さくする人、というように。細分化された分、道具もより専門性が必要とされて進化していく。マルクスによると、バーミンガム地方だけで500種類のハンマーがあったという。

しかし同時に人間も、細分化された道具と変わらなくなる。分業は作業効率を上げるが、個々の作業じたいは誰でもできる単純労働のくり返しになる。いろんなスキルをもった労働力という商品の価値を下げることになる。労働者たちは、単純作業をくり返すことで、社会の歯車となってしまうのだ。こうして労働者たち自身も工場の機械として組み込まれていく。

分業と機械化する労働者たち

ひとりで全行程をこなす職人より、各工程を専門化する「分業」のほうがロスが少ない

↓

生産力アップ

しかし、担当する工程しか作業できない労働者ばかりになる

↓

労働者自身が機械の一部となってしまう!

あらすじ

第12章　分業と工場手工業（マニュファクチャ）②

なぜ分業で労働者は犠牲になるの？

分業には工場手工業的な分業と社会的な分業がある。社会的分業とは、ひとつの工場内で起きる専門分野への分化が、社会全体でもなされていることをいい、その典型的な例が、農村と都市の分業だ。農村が食料をつくり、都市がそれを消費して、さまざまな工業製品をつくる、というような関係だ。

まだ商品生産が全社会をおおっていなかった昔、独立した各地域は土地に根差した自然環境があり、それに応じて生産体制が決められていた。地域間の交通が発展するにつれ、交換が行なわれるようになる。その結びつきが緊密になると、独立していた各地域がそれぞれを補いあう分業体制が生まれ、同時に専門化される。

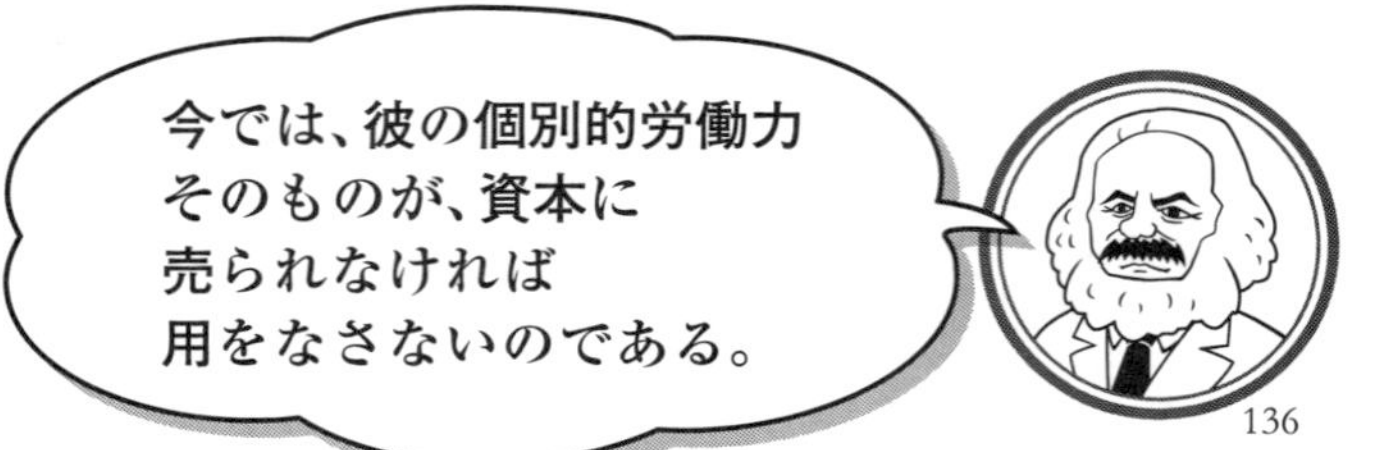
今では、彼の個別的労働力
そのものが、資本に
売られなければ
用をなさないのである。

農村と都市でそれぞれ生み出すものは、米と時計というように1個の商品だ。対して、工場内の労働者が生み出すものは商品ではない。それだけでは貨幣と交換できない、部品だけだ。同じく労働者の労働力もいわば工場の部品のひとつとなり、そこでしか役立たないものになる。

工場手工業的な分業は、もちろん生産力をとても増大させる。そのために犠牲になるのが労働者なのだ。手工業がもっていた熟練した技術の無意味化、専門分野に応じた道具の特殊化、部分労働者の形成などを通じて、労働力の価値がますます低下していく。しかし生産力の増加は資本の相対的剰余価値を増加させる。

前貸しされる資本において不変資本の比率は増える。つまり機械や設備などはますます大型化・高額化してくる。工場手工業的な分業体制が歴史的に生産過程の発展から現われたものだとしても、結局それは洗練された搾取《さくしゅ》の一手段でしかない。そしてそれがさらに発展すると、次の段階、「大工業」が待っている。

読み解き

第12章　分業と工場手工業(マニュファクチャ)②

機械がますますもてはやされ、労働者は部品扱いされる

社会的分業と比較してみる

ここでマルクスは、マニュファクチャでの工場内の分業作業が生まれた経緯を考えてみるため、社会的分業というものを引き合いに出して比較している。社会的分業とは資本主義社会全体のことを指しているといってもいい。要するに商品流通のことだ。

人間がひとりで自給自足できていればいいが、実際はそうもいかない。資本主義社会では、交換を目的として自分が何かをつくっている間、別の人もほかの何かをつくっているので、自然と分業をしていることになる。

マニュファクチャ的分業は、社会的分業がある程度発展したときに、その社会の中で生まれるとマルクスはいう。社会的分業ははるか昔から存在するので、人類の歴史はもともと分業を促進してきたわけだ。

またマニュファクチャ的分業と、社会的

分業は大きく違う点がいくつかあることもマルクスは述べている。例えばマニュファクチャ的分業の場合、工場の中に規律と計画性があり、それを守らせる工場監督がいるが、社会的分業にはそれがない。ただし、資本が社会をひとつの工場にまとめているように見えることも示唆している。

高性能の機械を生み出す

労働者のもつ労働力を商品として見るのは、資本主義社会だけの特徴だ。しかしマニュファクチャが誕生したことで、単純労働をくり返す労働者が増えてくると、労働力という商品の質が落ちてくる。

しかしその商品が使われなくなるわけではない。むしろ熟練度の低い労働者を好んで雇用する。なぜならマニュファクチャは、マルクスのいうように誰でもできる単純労働を実現させた画期的な革命だからだ。

しかしマニュファクチャは、前の節でも触れたように、道具を発達させた。これがやがて機械となり、マニュファクチャの次の段階へと移動していく。

労働力の価値の低下

分業にすることで、ひとつひとつの作業が単純化

↓

誰にでもできるようになる

↓

労働力の質が下がり、同時に価値も下がる

あらすじ

第13章　機械装置と大工業①

機械が進歩すれば労働はラクになるのでは？

大工業は工場手工業の発展した姿で、その特徴は、大規模な機械装置を導入していることだ。大規模とはどのくらいか。例えば1793年以前に1ポンドの綿をその実から分離するためには、1日かかっていた。それが機械を導入して以降は、1日に100ポンドの綿が、ひとりの女性労働者で分離できるようになった。

インドでは、2人の労働者で1日28ポンドの綿を生産していた。その後、機械の進歩で1日250ポンドの綿を生産するようになった。このように進歩した機械は人間の労働力をはるかに超える力とスピードで生産力を高めていく。もちろんそれまでの道具にないほどはるかに高額で、大きい価値をもっている。

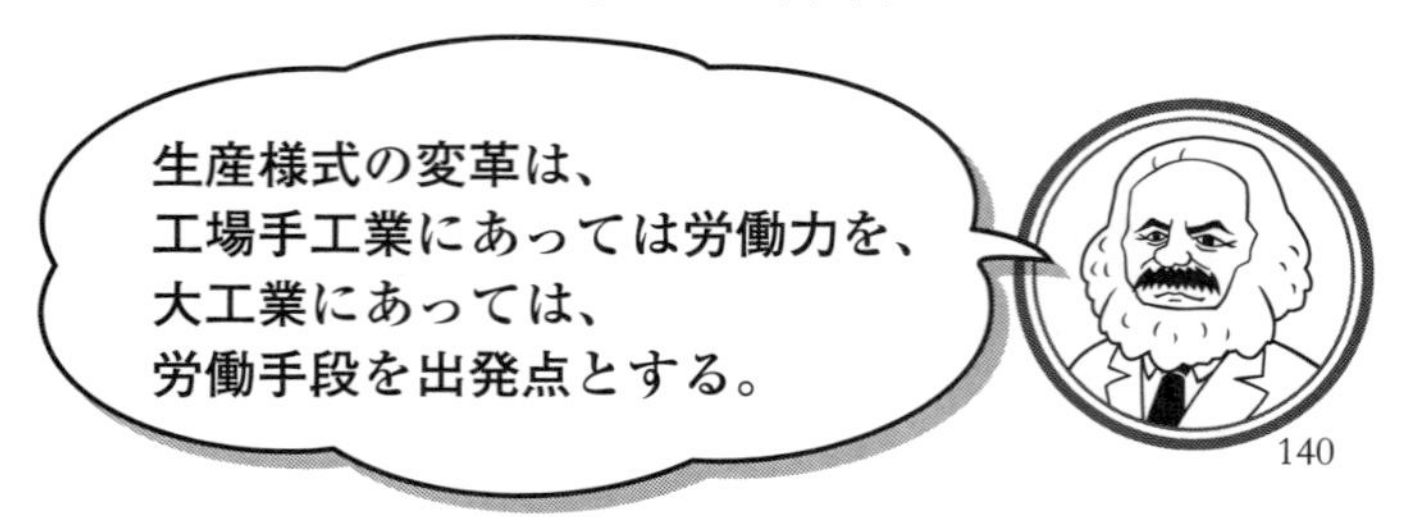
生産様式の変革は、
工場手工業にあっては労働力を、
大工業にあっては、
労働手段を出発点とする。

機械が膨大な価値をもっているとはいえ、その耐用年数は長い。そして短時間で商品を大量に生産するので、商品ひとつ当たりに移転される価値はほとんどゼロに近くなる。だから生産物全体としては、ほとんど経費ゼロとなり、剰余価値は増える。

機械が進歩すれば、操作はより簡単になる。したがって力も技術ももたない女性や児童がより多く搾取《さくしゅ》される。また機械は労働者の労働時間を短くすることを可能にするのだが、実際には労働日はますます長くなる。機械が高額になればなるほど、一昼夜休ませずに稼働させ、生産量を増やそうとするからだ。こうして、資本の可変部分よりも不変資本部分のほうがより重要になる。

しかし労働者は労働運動などの結果、標準労働日を勝ち取った。すると次に起こったのは、労働の強化だ。つまり同じ労働時間に行なう労働が凝縮される。一例を挙げると1825年、紡績工は機械の整備で12時間に820回の糸を張らなければならなかった。1844年にはそれが12時間で2400回まで増加した。

読み解き

第13章　機械装置と大工業①

時代はマニュファクチャから機械制大工業へ

機械は労働者の苦労を減らさない

まずこの章の冒頭でマルクスは、機械とは日々労働者が負わされる苦労を軽減するものではなく、商品を安くつくり出すためだけのものだと明言している。つまり機械は、労働者をラクにするために導入されるわけではない。資本家の儲けを増やすために導入されるのだ。

機械は産業革命以後、飛躍的に進歩した。マルクス自身も、産業展覧会で自動的に紙から封筒をつくり出す機械を見てとても驚いたという。こうした自動装置はマニュファクチャから生まれたものだが、やがてはそれらが普及し、マニュファクチャじたいをも飲み込んで工場全体を支配するようになる。これが機械制大工業の始まりだ。

工場に機械が導入されるようになると、労働者に筋力も特別な技術もなくていいようになってくる。労働は簡単な機械操作をするだけなので、女性でも子供でもよくなった。

その結果として、乳幼児の死亡率が上がったことをマルクスは述べている。女性が子育てをする時間が減ったからだ。

労働時間が減っても資本家は儲かる

資本家からすれば、高いお金を出して買った機械なので、24時間フル稼働させて少しでも利益を生んでもらいたい。だからこそ、それを操作する労働者の労働時間も一時的に長くなった。しかし第8章でも解説したとおり、労働者たちは労働運動を起こして、労働時間の短縮を勝ち取った。

しかし、そのことが逆に資本家の利益になったということが、統計によって判明する。労働者の労働時間が減ったのに、利益が出るのはなぜか。

これまでも述べてきたように、機械のおかげで必要労働時間が減ったため、剰余価値率が増えたこと。そして総労働時間も減ったので、労働者に支払う人件費も削減されるようになったことの2点が原因だ。

機械で労働者はラクになる?

高性能、高額な機械で生産力が大幅にアップ

↓

操作がカンタンなので、労働者は女性や子供でOK

↓

高額な機械の元を取ろうと、長い労働時間で働かせる

↓

労働者はラクにならず、成人男性以外も過酷な労働に

あらすじ

第13章　機械装置と大工業②

工場で労働者はどれだけ悲惨なの？

機械とは資本、とくに不変資本が形をなしたものであり、機械と労働者を寄せ集めたものが工場だ。工場は大きな生産手段であり、資本を体現した存在となる。機械は労働者を犠牲にして資本を増大させる。そして、今や人が機械を使うのではなく、機械が人を使うようになる。

機械に従える労働はラクになるかもしれないが、極度に神経を擦り減らされる。また筋肉をある特定の動きにばかり限定して使い、すべての自由な活動を奪ってしまう。機械は労働の苦労を取り去るのではなく、労働からその内容を奪ってしまうのだ。つまり何の意味もない単純作業のくり返しを、終日続けることになる。

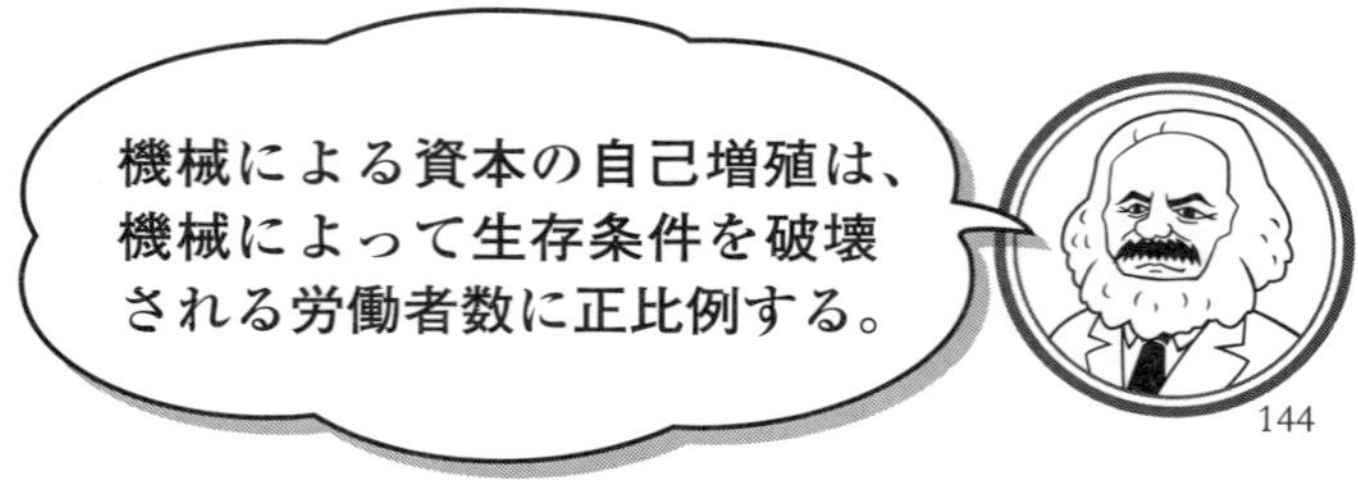
機械による資本の自己増殖は、機械によって生存条件を破壊される労働者数に正比例する。

工場内では、工場主が絶対君主としてふるまう。そこでは労働者のすべての自由と権利が失われる。ある工場では、労働者が10分遅刻すれば1日の賃金の4分の1が奪われる。彼は命令どおりに食事し、眠らなければならない。資本主義が発展したイギリスの工場で、労働者は奴隷なのだ。

犠牲になった労働者は機械を敵として戦うようになる。19世紀初めの15年間にイギリスで起こった機械の大量破壊運動、ラッダイト運動だ。ただし機械は機械にすぎない。それをいくら攻撃したところで搾取《さくしゅ》は終わらない。やがて労働者たちは、生産手段そのものから、社会の搾取構造に攻撃の目標を変えていった。

大型の機械の導入で職を失った労働者は、その分野に材料などを提供する分野に職を見つけるかもしれない。しかしその保証はない。また労働者は、部分的な作業に終始限定され、奇形化されている。そんな彼らが別の分野の職を見つけても、前の職場で身に付けた経験は何の役にも立たない。

読み解き

第13章　機械装置と大工業②

機械制工業は利益だけでなく失業者も増やしていく

王様である機械に仕える労働者

機械制工業の特徴は、労働者が機械を主人のように見立てて仕えるところにある。その機械のそばにたたずんで、材料を流し込んだり、スイッチを入れたりして〝さしあげる〟わけだ。機械のほうがひとりの労働者よりすぐれた働きをするのだから、労働者が支配されるというのもしかたがない。

マルクスは、労働者に仕事を与えないで利益さえも奪ってしまう機械労働は拷問だ、といっている。たしかに機械を導入した資本家は、経費削減としてどんどん労働者の労働時間を減らしていく。

かつては膨大な労働時間で働かされていた労働者たちだが、働く時間が極端に少なくなってくると、生活費が稼げなくなってくる。しかし不平不満をいうことは、奴隷状態のようだったときより難しい。機械によって生産力を拡大させた資本家にとって、労働者は大量に必要ではなくなっているので、機嫌ひとつでクビを切られてしまうからだ。マルクスはこれを労働者と機械の闘争と呼んでいる。

クビになっても職はない！

実際機械に駆逐され、クビにされた労働者はどうなるのか。ここでマルクスは現代にも通じる恐ろしいことを述べている。

いちからすべてをつくれる独立手工業時代の労働者ならともかく、分業によって単純労働ばかりをやり続けてきた労働者には、これといった能力がない。ということは次も同じような単純労働の仕事を探すしかない。しかも、クビにされた職場よりも悪い条件を飲まされてしまうことがオチだ。

それでも仕事が見つかったらまだマシ。単純労働しかできない者はあふれかえっているし、ほとんどの工場では労働者に代わる機械が導入されているので、新しい職にありつけることは難しい。これは機械に罪があるわけではなく、社会のシステムに罪があるとマルクスはいっている。

労働者と機械の闘争

労働者は機械に従って作業をする（機械に使われる）

↓

機械の発達によって、多くの労働力が不要になり、失業者があふれる

↓

別の工場に移ろうにも、担当していた作業のほかは何もできない

↓

悪条件で働かないと生活できなくなる

あらすじ

第13章　機械装置と大工業③

大工業が広まったら労働者はどうなる？

資本主義は、初めは多くの人が集められる協業の形をとった。次に分業に基づく工場手工業へと発展する。やがて機械が導入されると、先の2つの体制を破壊する。ある針製造業では10人の労働者が分業によって1日4万8000本の針を製造していた。そこに機械が導入されると、少女ひとりが監視について4台の機械を動かし、1日約60万本製造されるようになったという。

ここで犠牲になった労働者たちは、新たに興る産業へと流れていく。しかし技術が進歩し、機械の性能が高くなればなるほど、その使用に必要な労働者は、以前ほど多くなくてもよくなる。そして新たに雇い入れる労働者は以前よりは少なくなる。

成年者と未成年者の過度労働は、ロンドンのいくつかの新聞や書籍印刷工場に「屠殺場」という名誉ある名称を保証した。

大工業による協業と工場手工業の破壊の影響は、工場内の労働者だけに留まらない。一般の労働者よりも一段下と見られている婦人労働者や児童や非熟練工などにもおよぶ。また工場の周辺にある家内工業も免れない。以前は独立してもろもろの商品を生産していた家内工業は、いまや単に大工場の下請けがすべてとなる。

資本による家内労働の搾取《さくしゅ》は、工場労働者以上の過酷さを呈する。なぜなら家内労働の事務所はそれぞれ独立して、資本からみずからを守る組織を形成しえない。また家内労働の各事務所同士が生き残りのために相手を蹴落とす熾烈な競争をしているからだ。

婦人や児童の過酷な労働は、子供への教育を破壊する。また、彼らの家庭は崩壊する。そうして階級間の格差が世代を追うごとに固定していく。つまり裕福な資本家の子供はやがてまた資本家に。教育も受けられず、労働力しか売る商品がない労働者の子供はまた労働者に。すなわちブルジョワとプロレタリアートの階級の固定化が生まれてくるのだ。

読み解き

第13章　機械装置と大工業③

機械は労働者を犠牲にして社会に変革を巻き起こす

クビになっても職はある?

ここでマルクスはいきなり態度を変えて「クビになっても職はある」という。機械がどんどん最新式のものになり、より短い時間で大量の商品を生産できるようになっていくと、原材料の需要が高くなる。すると今度は、原材料輸出国の仕事が増える。

マルクスはここで、工場をクビになった労働者を移民労働者として原材料輸出国に供出すればいい、と述べている。こうすることで、原材料をつくる国、それを商品にする国と、世界的な分業が起こるという。

しかし機械が生む特別利潤は誰もが求めるもの。どこの資本家もお金がたまったら機械を入れたい。だから原材料輸出国で雇われた労働者も、やがてはそこに機械が入ってクビを切られるときがくる。雇われてはクビになる、そしてまた雇われて……という目まぐるしい変転が労働者に起こることを、マルクスは予言している。

機械が巻き起こした革命の数々

労働者がクビを切られやすくなったのは、機械の導入で女性や子供でも同じ環境で働けるようになったからだ。女性や子供は成人男性労働者よりも従順で安く使える。しかも仕事の効率が同じなら、誰だってそちらを使いたい。マルクスはここでミシンの例を出す。服飾業も今までは男性がやっていたのだが、ミシンという機械が出てきてからは、女性が主流になってしまった。子供は教育の一環として、カリキュラムの中に労働を組み込まれた。今の大学でいうインターンのようなものだ。

こうして機械と大工業はさまざまなところで変革を起こしていく。マルクスは最終的に農業にも変革が起きたことを記している。

食料や原材料を生み出す農業は、唯一自然を相手に人間の手で生産をする分野だったが、そこにも機械が介入することで土地を破壊してゆく、と。

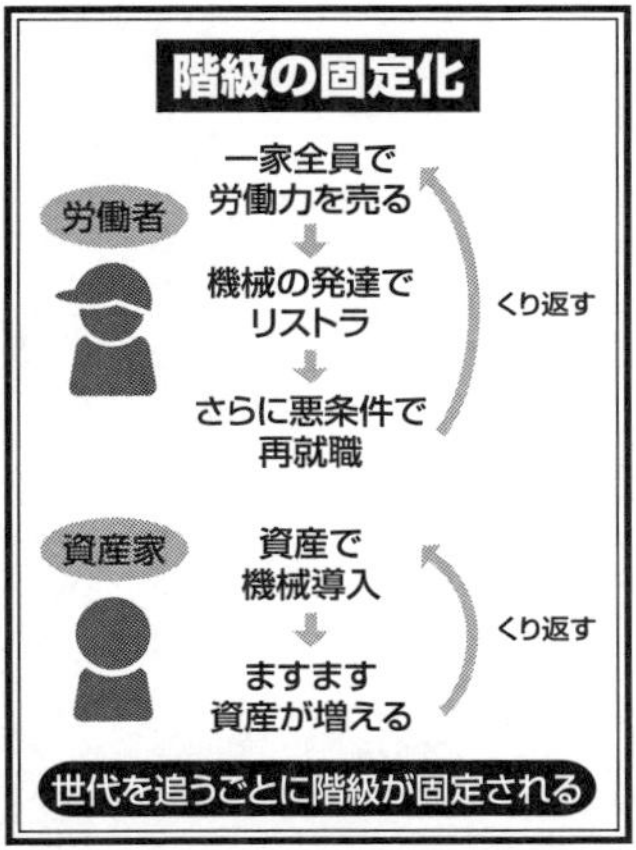

第5篇

絶対的剰余価値と相対的剰余価値の生産

労働日の延長に加えて、生産性の向上。この2つは手に手を取って資本を増殖させていく。機械や設備が充実するのに応じて、労働者たちはますます不要なものになっていく。

第14章　絶対的剰余価値と相対的剰余価値

第15章　労働力の価格と剰余価値との量的変動

第1節　労働日の大いさと労働の強度とが不変で（与えられていて）、労働の生産力が可変であるばあい

第2節　労働日と労働の生産力とが不変で、労働の強度が可変であるばあい

第3節　労働の生産力と強度が不変で、労働日が可変であるばあい

第4節　労働の持続、生産力、強度が、同時に変動するばあい

第16章　剰余価値率の種々の表式

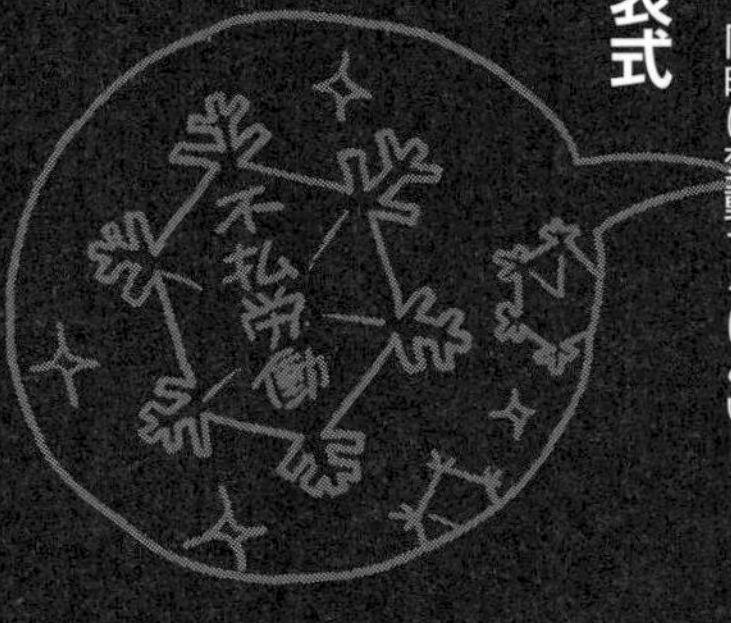

第14章　絶対的剰余価値と相対的剰余価値

資本主義社会で「生産的」って何？

ある役立つものをつくるのは、人類が太古の昔から続けてきた労働だ。資本主義社会でも役立つ商品をつくることは変わりない。しかしそこでは、使用価値よりも価値そのもの、とくに剰余価値の生産だけが目的だ。労働者は自分や家族が使用するために商品をつくるのではない。資本のために生産している。

だから、資本主義で「生産的」というのは生産力が高いことではなく、正確には、剰余価値をより多く生み出すことをいう。その方法は2つある。労働日を限界まで延長することで絶対的剰余価値を生産すること。もうひとつが、労賃と等しい価値をより早く生産することで必要労働を短くし、剰余労働を増やすことだ。

資本主義的生産は、単に商品の
生産であるのみではなく、
それは本質的には
剰余価値の生産である。

相対的剰余価値を生産する段階になって、資本は労働の技術的な過程と社会的な人員配置を徹底的に変革する。剰余価値を増やす条件の中には労働時間と生産力がある。生産力に限界があれば、時間を延ばして絶対的剰余価値を増やす。労働法などで時間に限界があれば、生産力を高めて相対的剰余価値を増やそうとする。

しかし相対的剰余価値の生産のように、本格的な資本主義的生産方法が確立すると同時に、労働日の延長も起こり、絶対的剰余価値もあわせて増やそうとするのは、140ページで述べたとおりだ。もし、ある社会が貧しくて、生産者とその家族を養うのに1日のすべての時間を費やさないといけないとすると、彼は、他人のために働く時間がなくなり、剰余価値は生まれ得ない。

逆に自然環境が豊かで、働かなくても十分な食料が得られるとしても、資本主義は発達しない。あまりにも暇な時間を、自分のためにも他人のためにも使おうとしないからだ。そんな彼を勤勉に働かせようとすれば、社会的な強制力が必要になる。

読み解き

第14章　絶対的剰余価値と相対的剰余価値

資本をふくらませる価値の増大だけが「生産的」

資本を増やすことだけが目的

まずマルクスは章の冒頭で、生産的とは何か、ということについて述べている。共同体における労働も生産的であるのに対し、資本主義社会ではその意味が異なる。それを簡単にいえばこうだ。

共同体を「自給自足をしている原始的な家族」とした場合、そこで労働して生み出されたものは、すべて家族内で使い回せる。

しかし資本主義社会の中で労働して生み出されたものは、自分たちで使い回すものばかりではない。商品になることを前提に生み出されるものだ。さらにそれが利益、そして資本にならなければ意味がない。

つまり資本主義社会での「生産的」という言葉の具体的な意味は、資本を増やすことなのだ。資本を増やすものといえば、労働で生まれる剰余価値。しかし具体的に何をもって剰余とするのかについてマルクスは、『資本論』とは別の本（『剰余価値学説史』）で書く予定だといって、ここではくわしく触れていない。

社会の適度な発展が重要

剰余価値とは、これまでの章で解説してきたように絶対的剰余価値と相対的剰余価値だ。前者は総労働時間を伸ばすことによって生まれる価値、後者は総労働時間を減らしながらも、機械の導入などによって労働効率を上げることで生まれる価値。どちらも必要なものだけを生み出す労働ではない。プラスαの利益を求める労働だ。

マルクスにいわせると、資本主義とはある程度発展している社会で起こるとしている。貧しい社会では、貧しくて生活に必要なものを生み出すことで精一杯。プラスαの利益を求めている余裕がないため、資本主義は起こりにくい。いっぽう豊かな資本主義社会は、さらなるプラスαの利益を求めるために、より質が高くて安い商品を大量生産していく。そうしてほかの社会体制を支配していくことができる。

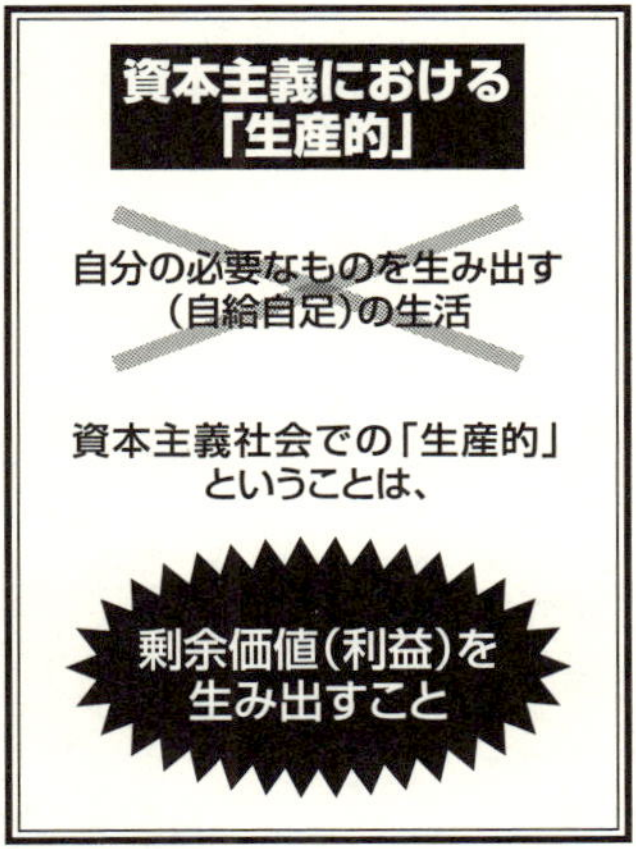
資本主義における「生産的」
自分の必要なものを生み出す（自給自足）の生活
資本主義社会での「生産的」ということは、
剰余価値（利益）を生み出すこと

あらすじ

第15章 労働力の価格と剰余価値との量的変動

労働時間と労働力と生産力の関係って何？

ここでは労働力の価格と剰余価値の変動を見ていくのであるが、労働力も含めた商品は、価値どおりに売られるということ、また労働力の価格はときにその価値以上で売られることもあるが、けっしてその価値以下で売られないということを前提とする。すると労働力の価格と剰余価値の大きさは3つの要素で決まってくる。ひとつめが労働日の長さ、2つめが労働の強度、3つめが生産力だ。

労働日の長さと労働の強度が決まっていて、生産力が変わる場合。この場合、剰余価値の量が増えるには、生産力が高くなって労働力の価値が下がることでしかあり得ない。逆に生産力が下がると、労働力の価値が高くなって、剰余価値が減ることになる。

資本主義社会においては、一階級にとっての自由な時間は、大衆の全生活時間を労働時間に転化することによって生み出されるのである。

労働日の長さと生産力が決まっていて、労働の強度が変わる場合。この場合、例えば労働者が10時間働いてできた商品は合計100個。これが同じ時間で120個できるようになったとする。このように強度が高まれば、1商品における必要労働部分と剰余労働部分の割合が変わらないまま生産数が増える。つまり、労働力の価格も剰余価値の量も同じ分だけ増えることになる。

3つの要素がすべて変わる場合、いろいろなパターンが考えられる。例えば生活消費材の価格が高くなって、労働力の価値が高まると、商品に含まれる剰余価値の割合が減る。しかしその分、労働日を長くすれば、必要労働と剰余労働の割合が同じになり、以前よりも多い量の剰余価値を得ることができる。

資本主義社会では、商品の生産力が高まることは宿命だ。すると剰余価値とくらべれば、労働力の価値はたえず低くなっていく。すると資本はますます増え、労働者はますます貧しくなっていく。そして資本家はより自由になり、労働者はより忙しくなる。

読み解き

第15章　労働力の価格と剰余価値との量的変動

資本家は利益を生み出しても労働者の給料をアップしない

生産力が上がると給料は減る

この章でマルクスは、利益を出せば労働者の給料が増えるかどうかということを、4つのパターンを出して考察している。

まずマルクスが挙げた第1のパターンは、労働時間と労働者の熟練度が一定で、生産力が変わる場合。ここで重要なのは、生産力が上がったからといって、労働力の価値が増えることにはならないということ。

より高性能のプリンターを買って印刷速度が上がったとしても、使っている人の能力が上がったというわけではないのと同じだ。作業効率が上がると人件費を取り戻す必要労働時間が減るので、労働力の価値も減る。

給料を下げて利益を求める

第2のパターンは労働時間と生産力が一定で、労働者の熟練度が変わる場合。労働者の熟練度が上がれば、生産される商品の量も増えるので、一応給料は上がる。しかしそれによって剰余価値も増えるので、資本家がしぼり取る分も増える。

第3のパターンは生産力と労働者の熟練度が一定で、労働時間が変わる場合。労働時間が増えても給料は一定なのだが、機械の消耗や光熱費などの経費がかかってくるので、給料は減ることになる。

そして第4のパターンは、生産力、労働者の熟練度、労働時間のすべてが変わる場合だ。まず生産力が下がった場合、労働者の熟練度や労働時間の長さによって給料は上がることもある。

生産力が上がった場合は、パターン1のように熟練度にかかわらず給料は減る。労働時間を増やして生産量を上げたら、その分給料も増えるが、やっぱりしぼり取られる分も増える。

マルクスが出した4つのパターンをくらべてみると、生産力が上がると労働力の価値が下がり、貨幣価値が変わらないのならば給料が減るということがわかる。

生産力と給料は比例しない

- 機械などで生産力がアップすると労働時間が減る

↓

給料が減る

- 労働者の熟練度が上がって生産力がアップする

↓

給料もわずかに上がるが、搾取《さくしゅ》される量も増える

あらすじ

第16章　剰余価値率の種々の表式

剰余価値をもっとわかりやすくいうと？

剰余価値率を表わす式を別の表現にしてみよう。（剰余価値÷可変資本）＝（剰余価値÷労働力の価値）＝（剰余労働÷必要労働）。

初めの2つの式が、価値と価値の比率を表わすのに対し、3つめの式は時間と時間の比率を表わしている。

いっぽう、古典派経済学では、以下のように表わしている。（剰余労働÷労働日）＝（剰余価値÷生産物価値）＝（剰余生産物÷総生産物）

この場合は、総売上げに対し、利益の割合を示しているにすぎない。すると労働者の搾取《さくしゅ》がおのずと低く見える。

例えば労働日は12時間で剰余価値率が100パーセントとするとき、初めの式ではこのように表現される。
（6時間の剰余労働÷6時間の必要労働）＝（3万円の剰余価値÷3万円の可変資本）＝100パーセント
2つの階級の取り分が明確だ。

いっぽう古典派経済学ではこう表現される。
（6時間の剰余労働÷12時間の労働日）＝（3万円の剰余価値÷6万円の価値生産物）＝50パーセント
この場合、剰余労働または剰余価値がけっして100パーセントにならない。

例えばイギリスの農耕労働者は4分の1が自分の取り分、資本家の取り分は4分の3だ。この式では搾取率が75パーセントで表現される。しかしこれは明らかに300パーセントが正しい。このように、剰余価値は、利益や利子などとその姿を変えようとも、その正体は端的に不払労働の結晶なのだ。

読み解き

第16章　剰余価値率の種々の表式

正しい剰余価値率の算出方法を知ろう

人件費と比較して出すべき

おさらいのようになるが、剰余価値とは労働者が働いたことで生み出されるプラスαの価値のこと。つまり資本家の懐に入る利益のことだ。

そのピンハネ比率を出す式とは、「剰余価値÷労働力の価値」。またこの式は、時間に置き換えられる。「剰余労働時間（剰余価値を生み出す労働時間）÷必要労働時間（給料分の労働時間）」だ。

例えば1日8時間の労働者がいて、4時間の必要労働で給料分の価値を生み出し、残り4時間で資本家の利益になる剰余労働をしたとすれば、「4÷4＝1」で、剰余価値率は100パーセントということになる。

100パーセントを絶対超えない

マルクスは同時に経済学者がよくいうま

ちがった式も記している。「剰余労働時間÷1日の総労働時間」などがそれだ。この式では明確な剰余価値率は出せない。先ほどの例でいえば、「4（剰余労働時間）÷8（1日の総労働時間）＝0・5」で、剰余価値率は50パーセントになる。

この式でいけば、比率が100パーセントを上回ることはけっしてない。剰余労働時間は総労働時間の一部なので、それが総労働時間を超えることは絶対にないからだ。

マルクスが挙げた例をもとに解説しよう。イギリスの農耕労働者が100個のジャガイモをつくったとすれば、そのうち4分の1の25個を受け取り、4分の3の75個を資本家に渡す。25個が必要労働分の人件費で、75個がプラスαの価値。

この場合の正しい式から導かれる剰余価値率は300パーセントだ。資本家は労働者が受けとる価値の3倍はピンハネしている。しかしまちがった式では、資本家は75パーセントだけもらっているように見えてしまう。これでは労働者が救われないと、マルクスは考えたのだ。

剰余価値率の計算法

$$\frac{\text{剰余価値を生み出す労働時間}}{\text{給料分の労働時間}}$$

4時間で給料分の仕事ができる場合、8時間働いた剰余価値率

4÷4=1 → 100%

$$\frac{\text{剰余価値を生み出す労働時間}}{\text{1日の総労働時間}}$$

上記のまちがった式では、比率が100%を上回ることはない

第6篇
労働賃金

労働者に支払われる給料で考えると、資本家と労働者ともに、搾取《さくしゅ》の構造が見えなくなる。「労働」へのお金は、何を覆い隠しているのか？　そのカラクリはどこから生まれるのか？

第17章　労働力の価値または価格の労働賃金への転化

第18章　時間賃金

第19章　出来高賃金

第20章　労働賃金の国民的差異

あらすじ

第17章　労働力の価値または価格の労働賃金への転化

労働者の賃金は労働の値段なのでは？

資本主義社会では、労働者が受けとる賃金は、「労働の価格」として現われる。価格とは価値を貨幣で表わした量のことだ。すると労働の価格は「労働の価値」を表わしている、ということになる。一般にはそれを誰も不思議に思わない。

事実は逆だ。商品の価値とは、その生産に必要な社会的平均労働時間の量で決まる。労働者は12時間働いて3万円をもらうとする。彼が売っているのは、労働ではなく労働力だ。労働力の価値は、その再生産に必要な生活手段の価値で決まる。それが1日3万円であり、その3万円は、社会的平均労働の3時間分を表わしている。しかし問題は、その労働力を使う労働が12時間持続することだ。

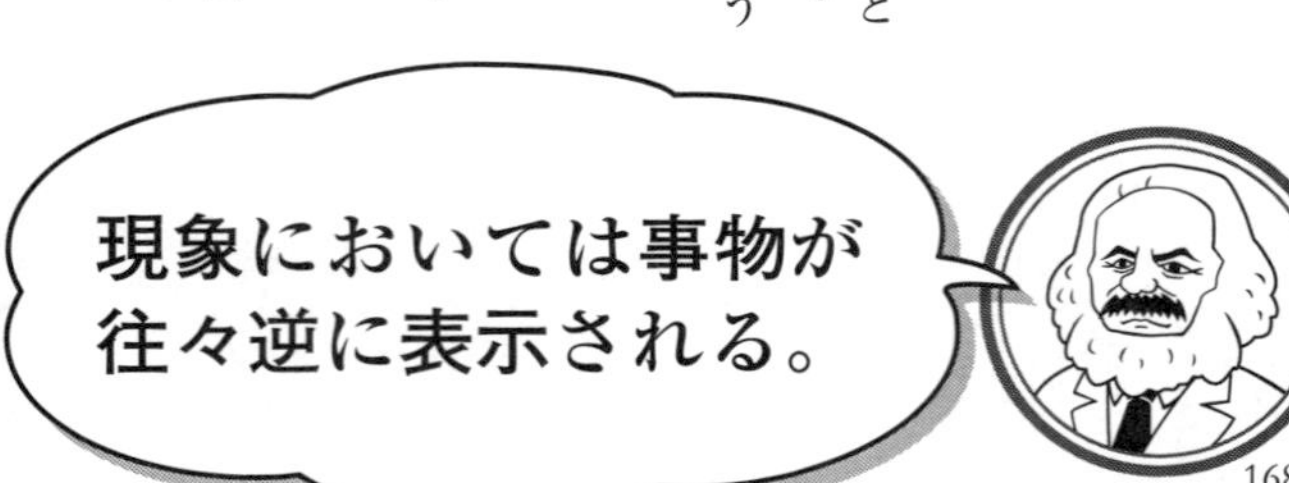

あらゆる商品は使用価値と交換価値（価値）をもつ。労働者が売る労働力の価値は、生活手段の価値で決まり、その費用が3万円。いっぽう資本家が買うのはその使用価値であり、その使用価値は価値を生み出し、12時間使うことができる。つまり、「労働の価値」「労働の価格」と見なされる労働賃金は、労働力の売り手と買い手による、労働力の使用価値と価値への分離から生まれる。

搾取《さくしゅ》の原因、剰余価値の源泉、貨幣から資本への変身、これらすべては、その使用価値が価値を生み出すという特殊な商品――労働力にさかのぼることができる。資本家が関心をもつのは彼の「労働」だけであり、その価格（労働賃金）と、労働力を使って（＝労働で）生み出される価値分の値段との差額だけだ。

労働者も資本家も、労働者は労働の価格に対して給料が支払われるのだと思う。労働者が売っているのは、労働ではなく労働力という商品だとは誰も考えない。そのことで必要労働と剰余労働、不変資本と可変資本の違いがすべて隠される。

読み解き

第17章　労働力の価値または価格の労働賃金への転化

労働力の価値と労働の価値を同じだと考えるのは危険！

労働者の商品は自分の労働力

第5篇で述べてきたしぼり取られる価値の源は、この第6篇で明らかにされる。マルクスはここで、「労働力の価値」と「労働の価値」という言葉は別物だという。ここでも例を出して考えてみよう。

労働者は労働力という商品を資本家に売っている。その労働者は、1日8時間の労働をするとして、4時間で給料分の仕事をしたとしよう。残りの4時間は剰余価値を生み出す剰余労働になる。ここでこの労働者に支払われる給料が7000円だとすれば、本質的には7000円で労働者の労働力を買っている。もともと労働者は労働力を商品にしているのだから当然だ。

しかし意識の表面に表われる現象においては、資本家は「労働の価値」に対して給料を出している。つまり、労働者は労働力を商品として売っていたのに、いつの間にかその「労働力の価値」が「労働の価値」に変わってしまう。

労働の価値に支払うという誤解

「労働力の価値」とは、その労働者が身につけている技能を含めた本人の働くことそのもの。そして「労働の価値」とは、その労働者が労働力を使う労働が生み出す価値だ。ほかの商品であれば、7000円で売られる機械の交換価値は、買い手にとって7000円分の使用価値がある。しかし労働力は特殊な商品だ。交換価値が7000円だとしても、資本家にとってのその使用価値は、その値段以上の価値を生み出すところにあるわけだ。

そして賃金は通常、労働者が働いたあとで支払われる。すると誰もが、1日8時間の働きをしたからこそ、7000円分の支払いを受けると考える。もし「労働の価値」として給料を支払うのだとすれば、1万4000円分支払わないといけないことになるので、資本家のもとに剰余価値は残らなくなる。

労働力の価値と労働の価値

労働力の価値
→ 技能や熟練度などを含めた働く能力そのもの

労働の価値
→ 労働力を使って生み出された価値

労働者は「労働力の価値」を商品にしているはずだが、「労働の価値」に給料を支払われていると考える

あらすじ

第18章 時間賃金

日給や月給でも不払いがあるの？

労働力の販売は、通常一定の期間について行なわれる。つまり1日あたり、1週間あたり、または1カ月あたり、という具合に。したがって、賃金は一定期間に持続する労働に対して支払っていることになり、その間はどれだけ労働させてもよい、いや、最大限に労働させる、ということになる。

労働賃金と労働の価格は別の考え方だ。ある期間に対する賃金は一定であるのに対し、その間に労働者が資本家に与える労働量は大小するからだ。では、労働の価格はどのようにして見出すのか？平均して働く時間で賃金を割ればよいのだ。例えば平均1日10時間で賃金が3万円ならば、1時間の労働の価格は3千円となる。

時間賃金にあっても、日賃金、週賃金等という労働賃金の総額と労働の価格とは、区別されねばならない。

しかし、労働者は賃金と労働の価格の違いなど何も気にかけない。すると、ある一定の賃金にしてはあまりに労働が長く、労働の価格としてはあまりにも低い金額になるかもしれない。いっぽう、労働の価格が一定でも、あまりに低ければ、労働力の再生産のために必要な最低限の生活費を得るためにも、労働者は長い時間働かなければならなくなる。

市場の競争は激しい。ライバルが商品の値下げをすると、同業者も値下げせざるをえない。そのしわ寄せは労働者を襲う。12時間労働の賃金で、18時間しぼり取られるようになる。すると労働賃金は変わらず、労働の価格がどんどん下げられていることになる。

残業給で多少の上乗せをしても変わらない。そもそも労働に対して支払うと見なす労働賃金にしても、労働の価格にしても、不払労働を搾取《さくしゅ》しているという意識などまったくないのだから。つまり一定量の労働の支出に対する対価ではなく、不払労働を大量に含んでいるということはまったく気づかれない。

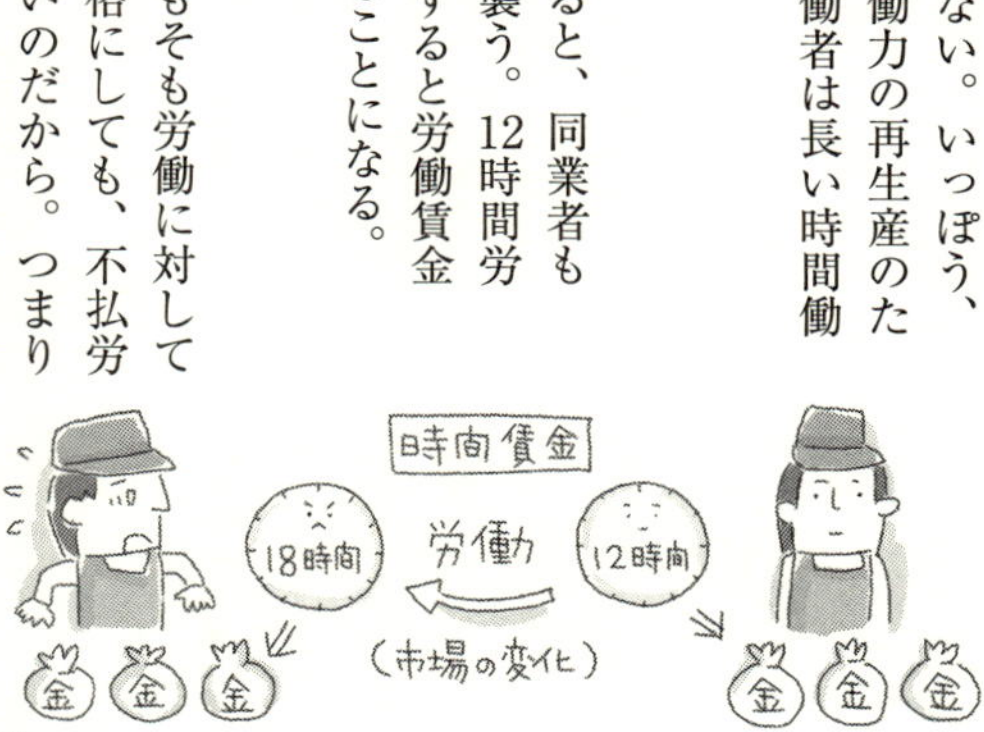

読み解き

第18章　時間賃金

給料を時給におき換えると悲惨な状況が見えてくる！

給料形態に潜むワナ

この章でマルクスは時給と月給についてふれている。現代社会にも通じる生々しい話なので、そちらでおき換えて解説する。

1日8時間働いて日給6000円を受け取る労働者がいる。資本家は、彼に最初の4時間働いてもらえば日給分の6000円が回収できて、残りの4時間でプラスαの価値6000円が生まれたとする。もう少し剰余価値がほしいと思った資本家は、彼の日給を1000円上げるから、あと2時間多く働いてくれ、といったとする。

これは労働者にとってメリットがあるか、といわれるとまったくない。彼の仕事を時給換算すると750円。2時間も労働時間を増やされるのに、日給が1000円上がるだけなら損だ。2時間分で1500円上げてもらわないといけない。しかしここは日給計算なので、文句はいえない。

仮にそれなら時給計算にしてくれ、といったとする。すると今度は剰余価値を増やすために遠慮なしに、平気で12時間、14時間と働かされることになる。さらに暇なときは来なくてもいいとまでいわれてしまう。労働時間が6時間などに減らされた場合だと、それまで日給６０００円もらっていたのが、時給換算では４５００円しかもらえなくなってしまう。残業手当も同じことで、もらえる額は増えるが、１時間あたりの給料は労働時間が長くなるごとに下がっているのだ。

受け取る額しか関心をもたない

マルクスは、労働者が関心をもつのは受け取る給料の額だけである、と断言している。資本家にとってどれだけ利益を与えたか、という部分や、労働時間についてはあまり考えず、自分がもらう給料の多さしか気にしないといっているのだ。

労働者は雇われの身なのだから、それは当たり前。しかし、ここに資本家が儲けて労働者が泣きを見る構図が隠されている。

給料形態による搾取《さくしゅ》

1日8時間労働で日給6000円、4時間で日給分の働きができる場合

残業代が出ても、時給750円より少ないと損をする

↓

時給制にすると……

- 結局、長時間働かされる
- 労働時間が6時間に減ると、日給が4500円しかもらえなくなる

第19章　出来高賃金

出来高払いなら搾取されないのでは？

出来高払いは一定時間に対して支払われる賃金が形を変えたものにすぎない。労働賃金が、労働力という商品に対してではなく、その使用価値、つまり労働に対するお金である以上、出来高賃金になったとしても、労働力に対する正当な支払いにはなっていない。それどころか、この支払い形態は、最も資本家に都合がよい賃金形態なのだ。

労働者は12時間働いて1個２５００円の商品24個を生産する。売上げは6万円。労働力の価値は3万円だとする。搾取《さくしゅ》率は１００パーセント。出来高払いの全額はこれをもとに計算される。すなわち商品ひとつあたり１２５０円の手取りに変わるだけだ。結局、12時間で24個生産して3万円を支払われる。

出来高賃金はこの面からいえば、賃金減額と資本家的欺瞞《ぎまん》とのもっとも豊饒《ほうじょう》な源泉である。

つまり労働賃金じたい1日12時間の労働に対してのお金であり、6時間は必要労働、あとの6時間は不払労働なのだから、それを商品ひとつあたりの手取りにしても何も変わらない。商品1個あたりにしてもその価値の半分が資本家のために、残りの半分が自分の手取りになるだけで、それをいくら積み重ねても、半分が必要労働、半分が不払労働になることは永遠に変わらない。

出来高賃金が資本にとって都合のよい点は多数ある。ひとつは、労働の強度に対する明確な基準を資本家に与えることだ。時間賃金の場合、1日で20個だろうが30個だろうが、支払う額は同じ。しかし、出来高賃金の場合、1日24個、1時間に2個はつくらないと労働者は損をするので、労働の強度をつねに一定に維持する。

また出来高賃金だと、資本家と賃金労働者の間に、中間搾取者の入り込む隙をつくる。つまり仕事の下請けが生まれる。1個1250円で受けた中間搾取者が下請けに1個1000円で仕事をさせる、という具合だ。こうして労働者が労働者を搾取する。

読み解き

第19章　出来高賃金

出来高払いにしても結局資本家が得をする

一見メリットがありそうだが……

マルクスが提示した給料形態には、日給制などの時間賃金のほかに、出来高制がある。仕事をした分だけ給料を支払うというものだ。労働者たちは競争意識が高まって自分がいちばん稼ごうとする。労働者たちは率先して仕事をするようになるので、サボるかどうかを監督する必要もなくなる。その分の人件費が削減できるし、多くの商品を生み出してもらえるので資本家にも大きなメリットがある。

労働者にとっても資本家にとってもいい制度だと思いがちだが、マルクスはここにも落とし穴があることを警告している。

出来高制にもワナはいっぱい！

前の章で例に出した労働者の話をもう一度取り上げてみよう。彼は1本30円で売られるボールペンを、1時間で50本、1日8

時間労働で400本つくっていた。日給は6000円。これが出来高払いになると1本15円という基準になる。その計算の出元は、彼の日給6000円だ。つまり、6000円÷400本=15円。

ここまでで何度も述べてきたようにその6000円は彼の労働力の価格で、彼は実際には1万2000円の価値を生み出している。したがって計算の基準となる6000円じたいが労働力の価格ではなく、「労働の価格」である以上、時間給が出来高払いになったとしても、資本家に得こそあっても、労働者は何も変わらないのだ。

さらにマルクスは、この出来高制が派遣業などの請負い業者を生んだとしている。資本家が労働者に与える仕事を、別の労働者に割り振るのだ。これができるのは出来高制のおかげ。さらに生産物ひとつあたりの単価を下げることで労働者に支払う給料全体を減らすこともできる。生産量を増やしながら給料を減らすこともできるこのシステムは、マルクスいわく資本主義にとって最も都合のいい形なのだという。

労働時間ではなく出来高制なら?

1本15円でボールペンをつくる

1時間に50本つくれる場合、
8時間働くと……
→15×50×8=6000円

日給6000円と同じ

さらに、別の労働者に1本10円でつくらせ、働かなくても1本につき5円儲ける労働者が出てくる

労働者が労働者を搾取《さくしゅ》する

あらすじ

第20章　労働賃金の国民的差異

先進国のほうが給料がいいのはなぜ？

労働賃金の水準は国や社会が異なれば、それぞれの文化的・社会的水準によって変化する。労働賃金のもとになるのは労働力の価格だ。その価格は、労働力の再生産に必要な生活必需品の価値によって決まる。さらに別の要因——労働者の育成費、労働の生産性などだ。これらは社会の発展段階や文化によってさまざまだ。

各国には、社会的に平均的な労働の強度がある。強度により一定時間内に商品を生産できる量が変わる。この強度により、国別の労働賃金も異なってくる。強度の強い国民は同じ時間により多くの価値を生産し、多くの貨幣に換えられるからだ。一般に資本主義的生産体制が発展している国ほど労働の強度が強い。

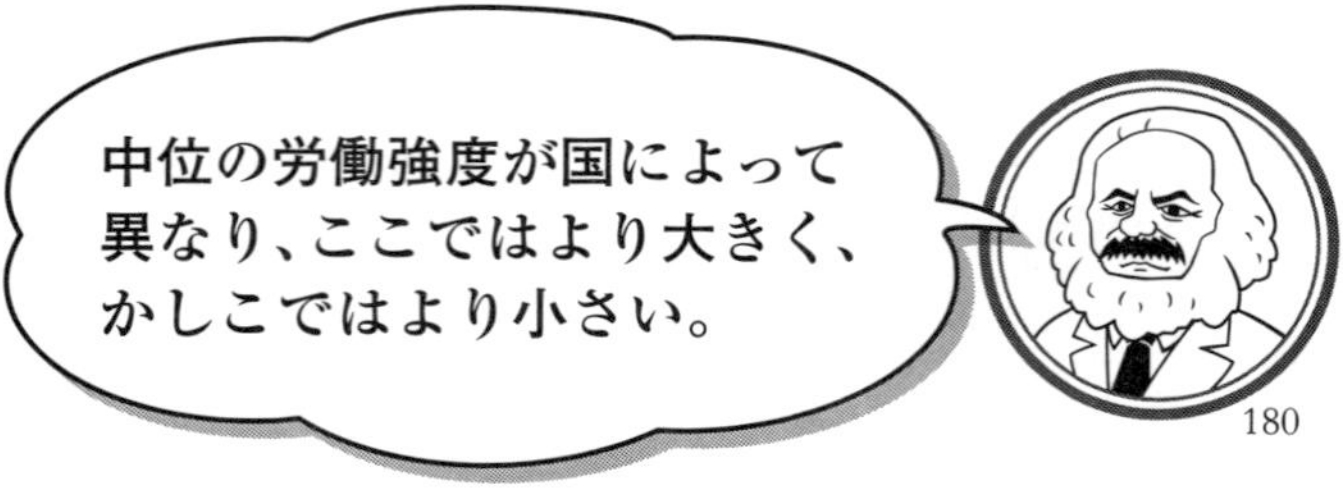
中位の労働強度が国によって異なり、ここではより大きく、かしこではより小さい。

ただし発展の度合いが低い国ほど、貨幣の価値が高い。貨幣価値が高いということは、同じ量の貨幣で買える商品が多いことであり、商品1個当たりの価格が低いことになる。したがって、先進国は物価が高く、後進国は物価が安い。労働賃金も一般的には後進国のほうが低くなる。

この貨幣価値（物価水準）を別にしても、国の生産性と労働賃金はおおよそ比例している。だが問題は生産物における剰余価値と賃金の配分だ。相対的剰余価値の生産のところで説明したとおり、生産力が高いほど、商品に占める労働の価値が減り、剰余価値の割合が増える。

先進国のほうが、労働賃金が高いが、1個の商品における剰余価値率が高い。後進国のほうが労働賃金は低いが、剰余価値率も低い。それも労働の強度が低いためであって、無駄な手間と効率の悪さが原因しているのだ。資本家にとっては、どちらのほうがより多くの剰余価値を生み出すかは、一概にいえない。

読み解き

第20章　労働賃金の国民的差異

給料が高い国ほどしぼり取られる量も多い

生活費が高いと給料も高い

ここでマルクスは世界に視野を向ける。まず取り上げられるのは、どうして国によって労働者に支払われる給料の額が違うのか、ということだ。日本では毎月20万円もらえたとしても、タイでは6万円ほど、インドでは3万円ほどだったりする。仮に同じだけの労働をしたとしても、やっぱり受け取る給料は国によって異なる。

どうしてこういうことが起こるのか。マルクスの説でいえば、労働力の価値は労働者が労働力を再生産する生活費で決まる。つまり、翌日も同じ労働量を保つために必要な生活費が給料になる、ということだ。

要するに日本やアメリカといった先進国の場合、生活費が多く必要なので、同時に給料も多く必要になるということ。インドやタイなどの発展途上国は物価が安いので、生活費も少なくてすむ。だから給料も安い、というような具合だ。

物価の値段は貨幣の価値で変動

どうして発展途上国は物価が安いのか。発展途上国だから、といってしまえば終わりだが、マルクスはこの問いに明確に答えている。結論からいえば、資本主義が発達していないからだ。資本主義が発達している国は、そうでない国にくらべて、質のいい商品を大量生産している。資本家が利益を得るために労働者をこき使った結果だ。

するとお金もたくさん市場に出回るので、その分貨幣価値が下がり、物価が高くなる。発展途上国ではお金があまり市場に出回っていないので、貨幣価値が高くなり物価が安くなるのだ。

だから資本主義社会が発達している先進国では、物価が高くて生活費が多くかかる分、給料も高い。しかし、それだけ資本家にしぼり取られている金額も多いということをマルクスは指摘する。生産力が多くなるとたしかに給料も上がるが、ピンハネされている量とは別だというわけだ。

国による給料の違い

先進国は資本主義が発達しているため、市場にたくさんお金が出回る

↓

物価が高くなる

↓

生活費が高くなるため、給料も高くなるが……

↓

資本家に搾取《さくしゅ》される割合も増えている！

第7篇 資本の蓄積過程

資本主義が確立していくまでの歴史。それは同時に、労働者が犠牲を積み上げていく過程だった。そしてその未来は？

また、「最初の資本」ができる前に何が行なわれたのか？

第21章 単純再生産

第22章 剰余価値の資本への転化

第1節　拡大された規模における資本主義的生産過程。商品生産の所有法則の資本主義的領有法則への転換
第2節　拡大された規模における再生産にかんする経済学の謬見
第3節　剰余価値の資本と収入とへの分割。節欲説

第4節　資本と収入とへの剰余価値の分割比率から独立して蓄積の大きさを規定する諸事情。労働力の搾取度——労働の生産力——充用される資本と消費される資本との差額の増大——前貸資本の大きさ

第5節　いわゆる労働基金

第23章　資本主義的蓄積の一般的法則

第1節　資本組成の不変なばあいにおける蓄積に伴う労働力需要の増加

第2節　蓄積とそれに伴う集積との進行中における可変資本部分の相対的減少

第3節　相対的の過剰人口または産業予備軍の累進的生産

第4節　相対的過剰人口の種々の存在形態。資本主義的蓄積の一般的法則

第5節　資本主義的蓄積の一般的法則の例解

第24章　いわゆる本源的蓄積

第1節　本源的蓄積の秘密

第2節　農村住民からの土地の収奪

第3節　一五世紀末以来の被収奪者にたいする血の立法。労働賃金引下げのための諸法律

第4節　資本家的借地農業者の生成

第5節　工業への農業革命の反作用。産業資本のための国内市場の形成

第6節　産業資本家の生成

第7節　資本主義的蓄積の歴史的傾向

第25章　近代植民理論

第21章　単純再生産

資本が回転するってどういうこと？

あらすじ

ここからしばらく、資本主義が成立した歴史を追っていく。資本主義は「貨幣（G）→商品（W）→貨幣（G）＋α」の運動が止めどなく続いていくことをいう。ということは、いちばん初めの貨幣がある時点で資本に変わったに違いない。その最初の貨幣はどこからきたのか。まずは単純再生産から見ていこう。

資本主義では、生産過程が1回限りで終わるのではなく、何度もくり返される必要がある。投資家が1000万円を前貸しして、上着を1000着生産。1200万円の売上げだったとする。「1000万円（G）→上着1000着（W）→1000万円（G）＋200万円」。これをくり返さなければならない。

労働者の不断の再生産または永遠化が、資本主義的生産の不可欠の条件なのである。

もし資本家が１２００万円を使いきってしまえば、資本の増殖は起こらない。彼が資本家であるのなら、新たに商品生産を行なうはずだ。ただし、この価値増殖分２００万円を使い切ってしまい、新たな資本の前貸しも１０００万円とする。このとき、先とまったく同じ回転がくり返される。これが「単純再生産」だ。

これが資本の増殖をもたらさないことは明らかだ。だがこの回転ですら何度もくり返していくうちに、新たな性格をおびてくる。労働者は労働力という唯一の商品を売って生計をたてていくことが必然になる。なぜなら、彼は資本が生み出す価値を自分のものにする、あらゆる手段が奪われているからだ。

彼は生産手段から分離されて、自分で何か商品を生産する能力を奪われていくのだ。そうして資本による労働者を搾取《さくしゅ》する体制が確立していき、再生産され、永遠化していく。回転が進むにつれて、労働者は労働力を売るしかなくなり、資本家はいつでもこれを買うことができるようになる。

読み解き

第21章　単純再生産

再生産をくり返せば資本主義生産体制が固まる

増えなくても、資本は固まる

この篇からいよいよ、資本主義のメカニズムを解き明かしていくことになる。まずマルクスは毎回生産が拡大しない「単純再生産」を行なう資本家の話を出してくる。

その前に、もう一度資本が生まれる流れをおさらいしてみよう。第2篇第4章で解説したように、資本は「G→W→Gx」の式で表わされる。Gはお金、Wは商品。お金を商品に換えて、その商品を売ってお金に換えることで「x」という利益が生まれるというわけだ。本来資本家は、その利益xを新たに投資額に加える。つまりこの式でいえば、最初のGにxを加算できるというわけだ。こうすることで生まれる剰余価値はどんどん増えていく。

ここでマルクスがいう単純再生産というのは、資本家がそのxを使ってしまった場合のことを指す。例えば資本家がまず

1000万円を借金して商品をつくらせる。すると投資額の1000万円に200万円の利益がついて戻ってきたとする。

1000万円はまた投資するとして、利益の200万円のうち、100万円を借金の返済にあてて、残り100万円は好きに使ったとする。資本家のお金は増えていないように見えるが、じつは10回くり返したときに借金の返済が終わるので、最初の投資額も再生産されることになる。

労働者に自由はない

マルクスは労働者も再生産されていると指摘する。彼の表現をそのまま使えば、労働者に給料を支払う行為は、機関車の車輪に油を注ぐことと同じなのだという。資本家は翌日も効率よく仕事をしてもらうために、労働者に給料を支払って「生かしている」わけだ。これが労働者の再生産。

この流れはどこの会社に入っても変わることはない。ということは資本主義社会で生活する労働者は、生まれたときから資本に支配されていることになる。

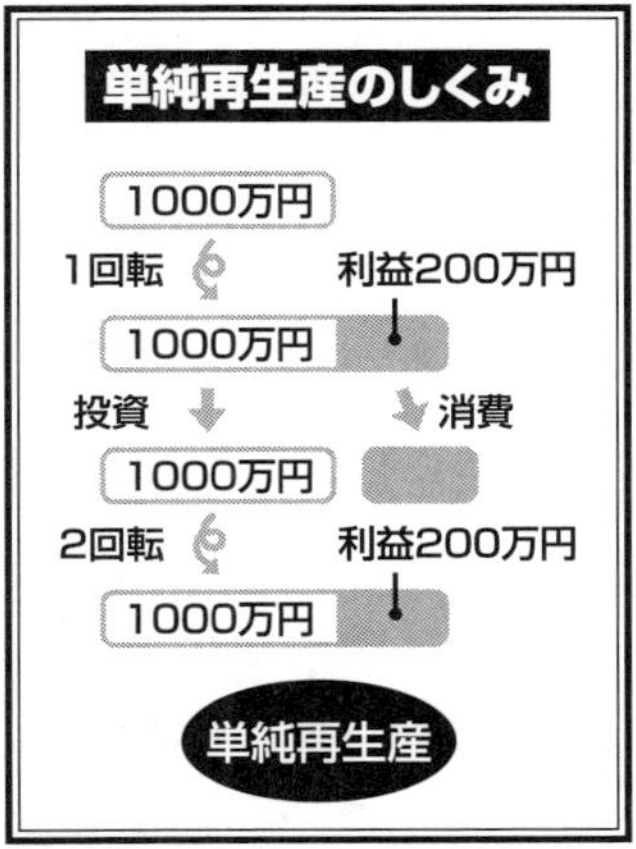

あらすじ

第22章　剰余価値の資本への転化①

資本の増殖が本格化したきっかけは何？

資本家が1000万円を前貸しして、商品を生産。1200万円の売上げのとき、「1000万円（G）→商品（W）→1000万円（G）+200万円」となる。資本家がこの200万円の一部でも加えて新たに前貸しするとする。1100万円を前貸しし、同じ増加率で1回転すれば、1320万円になる。

資本の回転によって得られた剰余価値を、新たに資本に組み込むことを「資本の蓄積」という。蓄積された資本による新たな回転は、より多くの剰余価値を生む。さらに多くの剰余価値を蓄積し、多くなった資本で回転させるとさらなる剰余価値を生み出す。このように資本が拡大していくことが「拡大再生産」だ。

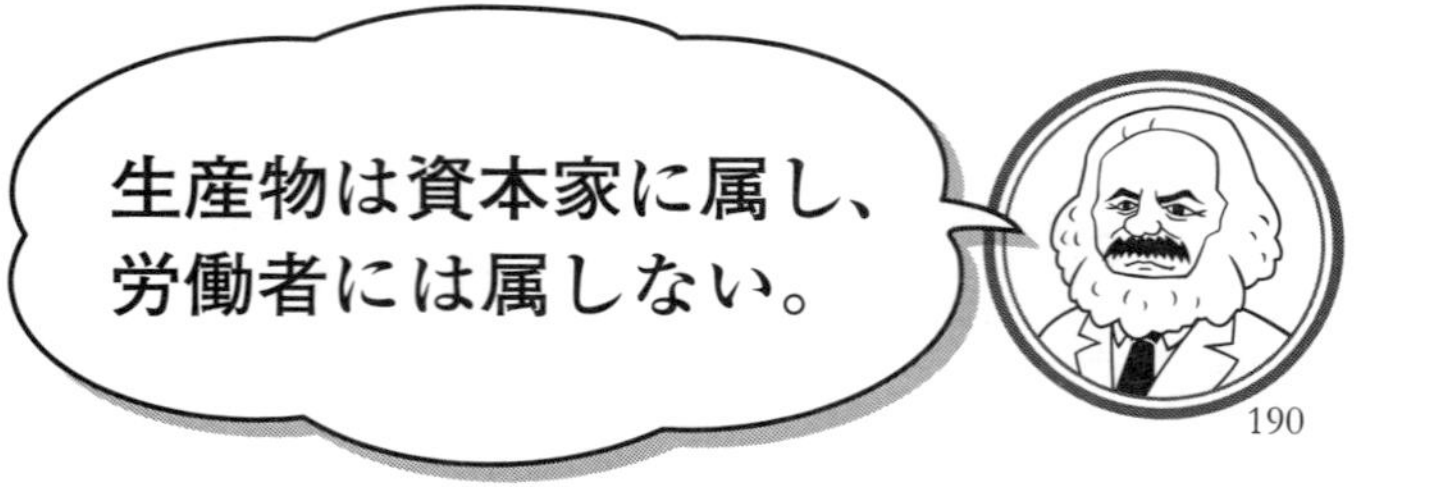
生産物は資本家に属し、
労働者には属しない。

この拡大再生産が、本当の意味での資本主義だといえる。別の表現をすれば、剰余価値が資本の一部になることが、本当の意味での資本なのだ。単純再生産はいわば剰余価値が生まれるしくみを説明するだけだ。その同じところをグルグル回る軌道は、拡大再生産になって、らせん状に軌道が大きくなりつつ上昇していく。

初めの前貸しされたお金を別にすれば、追加された剰余価値は他人の不払労働から得られたものだ。資本が回転すればするほど、前貸しされる資本に占めるその割合が増えていく。そのうち剰余価値がすべてを占める資本が、新たな剰余価値を生む。

そうして資本家は他人の不払労働を得る立場、労働者は自分自身の生産物を得られなくなる立場が固まっていく。生産物はつねに資本家のもので、労働者は奪われる。前貸しした資本じたいが労働者の不払労働の成果であり、資本家は何もしていないのに、だ。これも元をたどれば、労働力という商品しか売るものがない労働者が歴史に登場したことで起こったことだ。

読み解き

第22章　剰余価値の資本への転化①

拡大再生産はどんどん資本を増やしていく!

剰余価値が剰余価値を生む

先ほどの章では「G→W→Gx」の式のうち、剰余価値xの部分を資本家が消費してしまう「単純再生産」を挙げた。この章ではそれに対して「拡大再生産」を取り上げている。拡大再生産とは剰余価値を追加投資することで、さらなる利益をあげようというものだ。ここでマルクスは「アブラハムがイサクを生み、イサクがヤコブを生み……」という『旧約聖書』の話を引用している。生み出したものが、また別のものを生み出すというわけだ。

前の章と同じように、まず資本家が1000万円を投資して、労働者たちに商品をつくらせたとする。それを売ることで、1200万円になった。1000万円はまた投資して次の商品を再生産するとして、残りは200万円。これが剰余価値xだ。半分の100万円を資本家が自由に使ったとしても、１００万円をさらに１０００万円に上乗せして投資する。つまり今度の初期投資額は１１００万円になる。

するとその１００万円分の投資が、今度は20万円の剰余価値を生み出す。そこからもさらに次の再生産に追加投資して……。

資本は円の軌道から、らせん軌道になっていくとマルクスはいう。

追加投資分は給料になる⁉

マルクスが『資本論』を書くまでの経済学者たちは、投資によって生み出された剰余価値は、労働者の給料になると考えていた。つまり剰余価値が出るたびに、労働者たちも比例して儲かっていくということだ。

第20章でも書いたが、労働者の給料が雪だるま式に増えていくことはない。経済学者たちには不変資本という概念がなかったので、追加投資が新しい機械や原材料などの購入に使われるという考えにならなかったのだ。追加投資がそのまま労働者たちの給料になることはない、とマルクスははっきり指摘している。

あらすじ

第22章　剰余価値の資本への転化②

なぜ資本家はそんなに資本を大きくしたいの？

単純再生産の場合、剰余価値は資本家の個人的な消費の元本となる。いっぽう、拡大再生産では資本を蓄積する元本となる。現実の資本家にとって剰余価値はそのどちらでもある。その割合をどうするか激しい葛藤が起こる。自分の楽しみのために今使いたい、しかしより大きな儲けのために節約すべきか、と。

資本家とは資本が人格化された存在だ。その限りにおいて、彼は価値を無限に増殖させることを強制されている。なぜなら資本主義的商品生産社会は、使用価値（＝便利なもの）を増やすのではなく、交換価値（＝価値）の増殖だけが目的だからだ。その意味で、労働者と同じく、資本家もひとつの歯車にすぎない。

資本家は、より贅沢に生活しながら、同時により多く「節欲する」ことができる。

労働力に支払われるお金とそこから搾取《さくしゅ》される剰余価値の割合（剰余価値率）が決まっている場合、剰余価値の量は、労働者の数によって決まる。労働者の数は資本の大きさによって決まる。資本が絶え間ない蓄積で増えれば増えるほど、剰余価値の量じたいが増え、資本家の収入と、蓄積される元本の両方が大きくなる。

資本をより大きくする衝動に駆られる資本家は、剰余価値率を高める。それには労働時間を延長する絶対的剰余価値の増大と、生産力を高めることで労働力の価値を低める相対的剰余価値の増大という2つの方法があった。しかしそれに行き詰まるとついに労働賃金じたいを減らそうとする。

これまで労働力と貨幣は等価で交換されるということが前提だった。その条件において搾取を見てきたのだが、この賃金切り下げはいわば不等価交換であり、まさに労働者が受け取るべきお金を直接奪い取っている。奪い取った分だけ、資本家の手元に残る。このようなお金の稼ぎ方を、搾取に対して「収奪」という。

読み解き

第22章 剰余価値の資本への転化②

資本家は利益を得るためなら何でもする

贅沢のために取り分を減らす?

拡大再生産は資本をどんどん増やしていくシステムだということを前の節で読者に伝えたうえで、マルクスはその資本に魅了された資本家の話を出してくる。

1000万円の投資で1200万円の売上げを得た資本家は、やはり商品の再生産のために1000万円を再投資する。

最初こそは残りの200万円のうち、100万円を追加投資して、残り100万円を自分で使ったり、いざというときのために貯めたりしていたとする。しかし、追加投資した分だけさらなる利益を生むことに気づくと、突如としてどんどん投資額を増やしていくようになるのだ。自分で使ったり、貯め込んだりする分を抑え、1000万円を投資して得た200万円の剰余価値のうち、150万円、160万円と追加投資額を増やすようになっていくと、マルクスは指摘している。再投資額が増えると、それに比例して剰余価値も増えていくのだから、躍起になるのは当然だ。

やがて資本家には悪魔が宿る

投資で生まれた利益をさらに増やすために、資本家はみずからの取り分を抑えて、どんどん投資額を増やしていく。マルクスは『共産党宣言』という著書の中で、このことを「地獄から生産力の悪魔を呼び出した資本家が、その悪魔にひたすら仕えざるをえなくなった状態」といって批判している。これは資本主義というシステムが資本家に投資を強制しているともいえる。

そうなってくると資本家は、まさに悪魔にとりつかれたかのように、もっと利益を追い求めるようになる。利益率が変わらなくても追加投資額を増やすためには、可変資本である人件費に手を出すしかない。つまり人件費の削減。労働者の給料を下げて剰余価値率を上げるのだ。現代社会にあるリストラという人件費削減も、会社が利益をあげるために行なわれているわけだ。

利益のために
節約する資本家
1000万円の資本で、
200万円の利益が出た場合
資本額と利益が比例することを知った資本家は、より多くの利益を出すために自分の取り分を減らして資本に回す
資本主義というシステムが
資本家に投資を強制している

あらすじ

第23章　資本主義的蓄積の一般的法則①

資本が大きくなると労働者はどうなるの？

この章では、資本の増加が労働者階級にどのような影響をおよぼすかを取り扱う。それには「資本の組成」が重要な手掛かりになる。それは、資本が不変資本と可変資本に分けられる割合のことだ。別のいい方をすれば、道具や機械など生産手段の価値と、労働力の価値つまり労働賃金の総額との割合でもある。

拡大再生産で蓄積をくり返し資本が大きくなると、労働賃金へ前貸しする量も大きくなる。つまりよりたくさんの労働者を雇うようになる。資本主義が急速に発展する社会は、多くの農民を都市に呼び寄せ、生産手段をもたない「プロレタリアート」を生み出す。そして勤勉で貧しい労働者が多くなってくる。

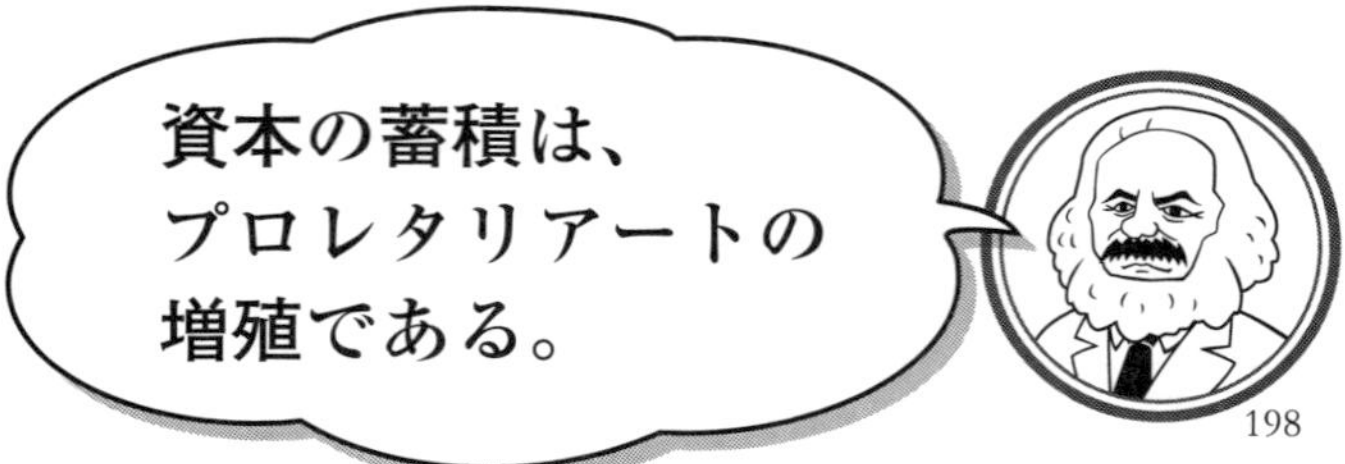
資本の蓄積は、
プロレタリアートの
増殖である。

発展が急であれば、貧しい労働者の数が足りなくなる。すると労働賃金は高くなってくる。しかしそれも一定の範囲内だけのことだ。賃金の上昇は自動的に剰余価値を減らす。それがある程度になると、資本の蓄積に回す部分を減らす。資本の増大を許す範囲で賃金は上昇し、それ以上の要求はけっしてかなえられない。

資本の拡大は、ある段階以上になると、その組成を変え始める。生産力を高めるために、機械や設備など不変資本の割合を増やして可変資本の割合を減らす。つまり労働者を不要のものにしていくというのが一般法則だ。蓄積が進めば進むほど、その割合の変化は進んでいき、機械などに割り当てられる割合はより増える。

より大きな設備や工場をもつ資本は、より大きな剰余価値を生み、さらなる拡大再生産を可能にする。すると、大きな資本は小さな資本を食いつぶしていく。多数の小さな資本から、少数の大資本へ集中が進んでいく。こうして資本主義は、資本家による資本家の収奪へと発展していく。

読み解き

第23章　資本主義的蓄積の一般的法則①

成長した資本家は資本家同士の戦いを起こしていく

貧しい者を労働に駆り立てる

資本家の投資は利益を生み出し、さらにその利益を投資額に上乗せすることで、まださらなる利益を生み出す。こうした拡大再生産が、資本をどんどん増やしていくシステムだということは、前の章で解説したとおり。

資本家の投資によって生み出された剰余価値は、また資本に上乗せされて再投資されるというのだから、当然生産力はあがるし、その分労働者も増やしていかなければならなくなる。マルクスはここで、社会全体から労働者が求められ、農村からも労働者が引っ張ってこられるといっている。

つまり農民まで工場勤務の労働者にされていく。これは当然の動きで、資本はできるだけ貧しい労働者を求めている。より安い給料で働いてもらえるからだ。だからいくら利益が生まれたところで、労働者の給料が一気に増えることはない。

資本家も食いつぶす

これまで何度も触れてきたように、利益を得た投資家が投資するのは、可変資本ではなくて不変資本。つまり人件費のほうではなく、より多くの利益を生み出してくれる機械や原材料のほうだ。

だからこそ機械化が進んだ拡大再生産のシステムでは、労働者は増えなくなってくる。投資の多くを機械に割いて、何度もバージョンアップさせていくと、今度は人件費の削減まで行ない始める。資本主義が発展すればするほど、機械が高性能化されていき、労働者は減っていくのだ。

資本が労働者を食いつぶしていくと、今度はほかの資本家にまで手を出していく。マルクスも、大きい資本は小さい資本に勝つといっている。最初は大小多くの資本家たちがいるのだが、市場での価格競争や資本の成長競争で負けると、勝った資本家に負けたほうの資本が吸い取られてしまう。つまり会社の吸収合併が起きていく。

資本家VS資本家
資本を投資して利益が出る
資本が増え、生産力が上がる
より大きい資本家が勝ち、負けたほうの資本が吸い取られていく

第23章　資本主義的蓄積の一般的法則②

資本主義が発展するとなぜ失業者が増えるの？

当初、資本はとにかく量を増やすことが目的だった。そのためにより多くの労働者が必要だった。それがある段階まで進むと、質の変化を起こす。機械や設備など不変部分が資本に占める割合が増え、労働者へ支払われる賃金、つまり可変部分の割合を減らしていく。すなわち労働者を必要としなくなる。

資本は蓄積されて大きくなるにつれて、その増加する速度がますます上がる。ということは資本が大きくなればなるほど、加速度的に労働者の必要性は減っていく。そして失業者が加速度的に増えていく。労働者はみずからが資本を増殖させることによって、働く場を失っていく可能性をつくり出しているわけだ。

近代産業の全運動形態は、
労働者人口の一部分の
失業者または半就業者への
不断の転化から生ずる。

失業者は資本主義に最も都合のよい産業予備軍をつくりだす。産業予備軍とは、資本に依存しなければ生きられない労働者たちだ。資本主義では、ある分野が発展しては衰退し、また別の分野が発展しては衰退していくという産業循環をえがく。このとき、衰退する分野では労働者が切り捨てられ、発展する分野では新たな労働者が大量に必要とされる。

産業循環において、失業者や半失業者などの産業予備軍はとても役に立つ。それがないと、社会的な資本の増殖をもたらす、新規産業への移行がスムーズに行なわれないからだ。こうした産業予備軍は、資本の増殖が加速するたびに、いっそう急速に増えていく。

このことはきちんとした職に就いている労働者にも影響をおよぼす。失業者たちが多くなればなるほど、労働者たちに課せられる労働量は増え、その強度も高くなる。そして量が多く質も高い労働を労働者がこなすほど、さらに多くの労働者が不要となり、失業者の数が増える、という悪循環をえがき出す。

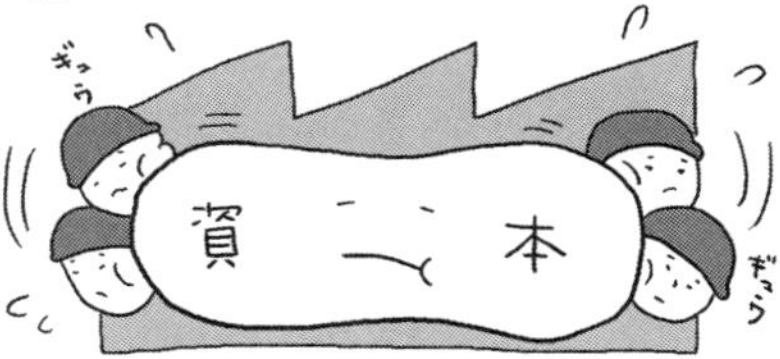

読み解き

第23章　資本主義的蓄積の一般的法則②

発展した資本主義の社会は失業者をどんどん増やす！

労働者の数より労働の量が重要

ここで第3篇第9章で解説した矛盾が解かれることになる。そこでは「労働時間を長くせずにより多くの利益を出すためには、労働者の数を増やせばいい」としていたが、ある程度資本が増えた資本家は、労働者を増やそうとしない。資本家がほしいのは、労働者の数ではなく労働の量だけだ。

たしかに機械が導入される前までの労働の量とは、単純に労働者の数のことを指していた。しかし機械が導入されると、機械の性能が重視されるようになる。労働者が10人いても、機械1台が生み出す労働の量のほうが上なら、労働者は不要になる。資本家はどんどん不変資本（機械）に投資していくので、実質、可変資本（労働者）に投資する額は減っていく。機械のほうが効率もいいのだから当然だ。結果、労働者はますます必要とされなくなっていく。

資本家の奥の手は産業予備軍！

次にマルクスは、資本主義のさらに恐ろしい実態を暴く。資本主義社会は仕事のない労働者を生み出すが、それすらも利用している社会だというのだ。

仕事はほしいが職がない労働者のことを「産業予備軍」という。産業予備軍は景気がよくて、資本が人員を補充したいときに雇用される。そして景気が悪くなればお払い箱。資本家にとっては、とても都合のいい存在だ。今でいうアルバイトや派遣社員もこれにあたるだろう。

彼らは職についている労働者の給料上昇を抑える圧力としても利用されている。産業予備軍は給料が安くてもいいから、どうしても仕事がほしい。だから資本家は雇っている労働者を辞めさせて、もっと安い給料で彼らを雇うこともできる。それをちらつかされると、雇われている労働者も給料を上げてほしいとはいえない。発展した資本主義社会の労働者たちはつねに資本に翻弄されている。

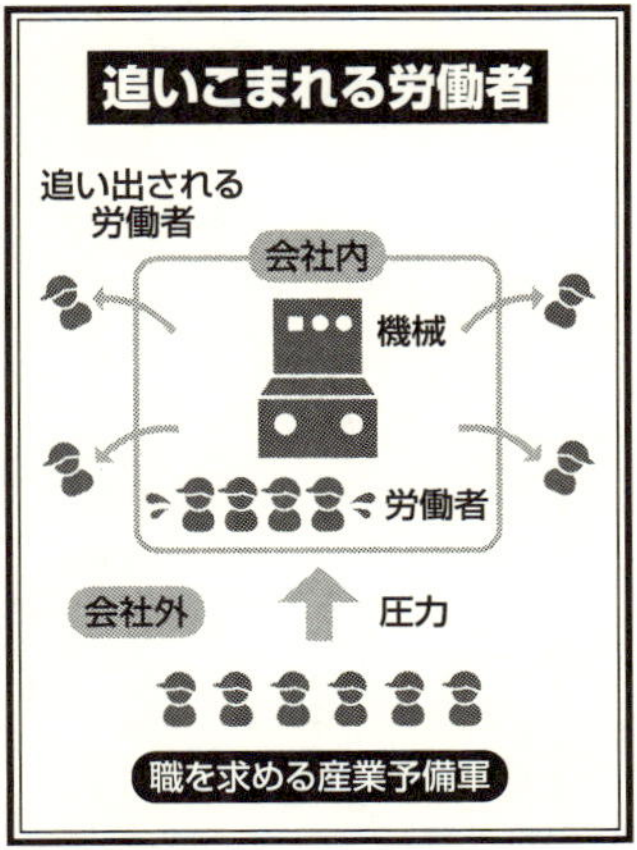

第23章　資本主義的蓄積の一般的法則③

失業者たちはどんどん落ちぶれていく？

資本の蓄積と増殖により、失業者がますます増えてくる。彼らにはさまざまなタイプがある。ひとつめが成人の労働者。資本は子供の労働者をより多く必要とし、彼らが一定の年齢に達すると解雇される。運がよければ彼らは新しく発展している分野の労働者となるのだが、先の分野で縛りつけられていたために、新しい分野に入り込めないような状態にもなる。

ふたつめが農村にいる、都市へ出て労働しようと待ち構えている人たち。彼らは潜在的な失業者だ。３つめが最下層の失業者たち。彼らの職は極めて不安定で、どんな安くて過酷な仕事でもこなす。そして資本に搾取《さくしゅ》されるがままになる。

それは資本の蓄積に対応する貧困の蓄積をかならず生む。

これらの失業者たちは、手工業が工場手工業に、また工場手工業が機械経営に発展していくとともに、滅びつつある産業の分野から大量に生み出される。

ほかにも被救護貧民という最底辺の失業者がいる。浮浪者、犯罪者、売春婦、孤児、零落者、障害者、病人など。これらの失業者も資本主義生産体制の一部をなしている。

資本主義的な富が増えれば増えるほど、労働者の苦労は増える。それに応じて、より多くの産業予備軍が増えていく。それに応じて、より多くの失業者が増えていく。それに応じて、より多くの被救護貧民が増えていく。

これが資本主義的蓄積の、絶対的な一般法則なのだ。

労働者の状態は、どんどん悪化する。なぜなら、労働者が生産手段を使うのではなく、生産手段が労働者を使用するからだ。資本の蓄積は生産手段の割合を増し、生産力を高めるのだが、そのスピードはかならず労働人口の増加よりも上回っているからだ。

読み解き

第23章　資本主義的蓄積の一般的法則③

資本主義社会の成長とともに苦しんだ労働者の実情！

経済成長で貧困層が拡大

長い第23章の締めくくりは、拡大再生産が、労働者にどのような影響を与えてきたかを述べている。実例を紹介しながら淡々と報告している恐ろしい部分だ。

まずイギリス社会が１８４４年から１８６６年までの約20年間でどう変わったかを統計を用いて説明している。それによると、経済成長はたしかに実現したが、貧困層は比例するように拡大したとされている。資本家が労働者たちからむしり取った結果がこれだ。

次に書かれているのは、安い給料で働かされているイギリスの工場労働者たちの住宅問題についてだ。資本家は不良建築を壊し、デパートや銀行をつくるために道路も拡張して、労働者たちや貧民を環境の悪い小屋に押し込んでいった。それだけでなく、不動産業の裕福層によって、小屋からも追い出される労働者がいたことも赤裸々に暴露している。

資本に振り回される労働者たち

続いて裕福な労働者、いわゆる高給取りの人間に焦点を当てている。すべての労働者が薄給だったわけではなく、機械の設計などの新規産業に関わった労働者は、たしかに多くの給料をもらっていた。しかしマルクスはここで、１８６６年に起きた恐慌の話を出してくる。巨大銀行の倒産、それに相次ぐ企業の倒産、失業者の増大などを、淡々と語る。これによって裕福な労働者たちも、一気に貧困層へと転落した。

次に書かれるのは農耕労働者の没落だ。かつて豊かな暮らしをしていたのだが、資本家が登場してからの農耕労働者は、ほかの労働者たちと同じでむしり取られるいっぽう。農業にも機械が導入されると、仕事もなくなったので単純労働者として都市へ出て行くしかない。残った農耕労働者たちは土地に縛りつけられ、都市の工場労働者の貯水池として利用されることになる。

経済成長と没落する労働者

- デパートや銀行をつくる土地が必要なので、労働者を追い出す
- 農業にも機械が導入され、恐慌によって倒産が相次ぎ、失業者があふれる

↓

経済成長にもかかわらず、貧困層が拡大していく

あらすじ

第24章 いわゆる本源的蓄積①

資本主義の始まりはどのような感じ？

資本とは「貨幣（G）→商品（W）→貨幣（G）＋α」が無限の進行をくり返す、いわば「増える貨幣」のことだ。進行の過程で、剰余価値を資本に蓄積し、どんどん大きくなっていく。しかしその最初のまとまったお金はどこからきたのだろうか。この最初のお金が貯まるまでを「本源的蓄積」という。

これまで見てきたように、資本主義は労働力しか売るものがないプロレタリアートの出現を成立の条件としているのだが、本源的蓄積が行なわれた現実の歴史においては、生産者と生産手段との分離過程であった。それを実現したのは、征服、圧政、強盗殺人、要するに暴力によってだ。

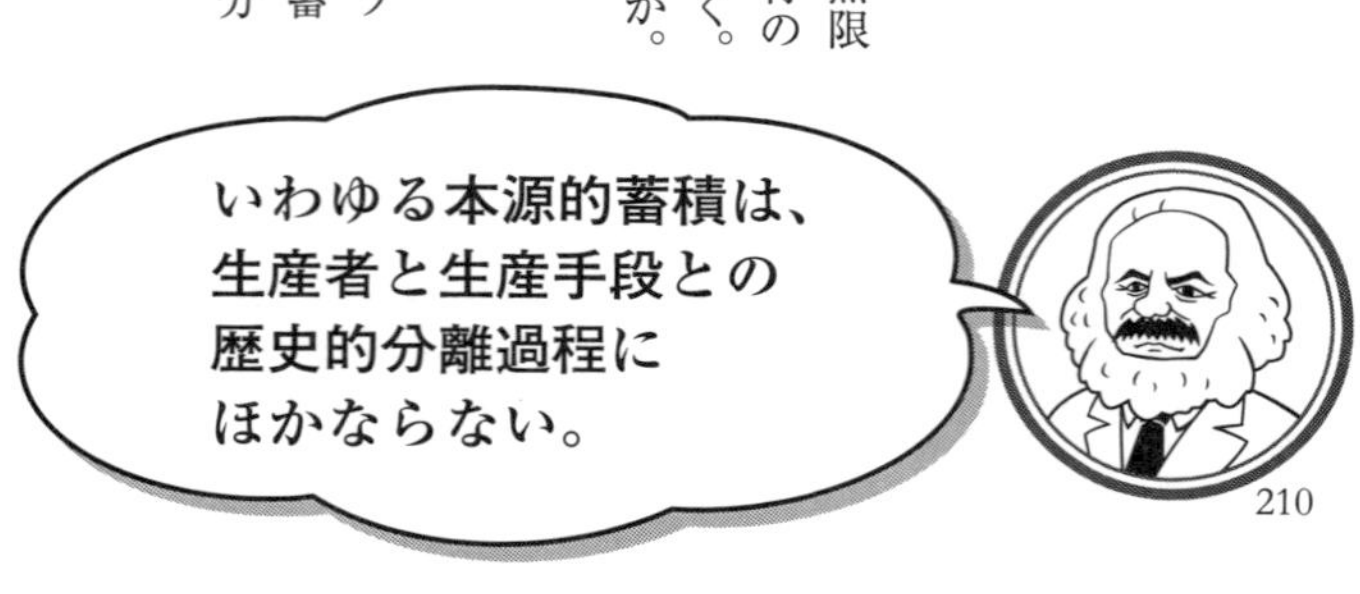
いわゆる本源的蓄積は、
生産者と生産手段との
歴史的分離過程に
ほかならない。

本源的蓄積を見ていくには、それが最も早くに行なわれたイギリスの場合を見ていくのがわかりやすい。中世の封建制度を壊したのは資本主義だ。それまで封建領主がもっていた土地はぼっ興してきた資本家たちによって奪われ、農民も突如その生産手段から引きはがされ、都市に投げ出されて賃金労働者となった。

15世紀、人口の大部分は小規模ながら独立していた自営農民だった。彼らの土地はきれいに「清掃」された。例えば、1814年から1820年までに約3000家族で1万5000人が住む村落がことごとく取り壊され、牧場に変えられた。海の向こうのフランドル地方で、羊毛の工場手工業が興ったからだ。このように農民からの土地の収奪は、本源的蓄積の基礎となった。

教会がもっていた土地の略奪、国有地の詐欺的な譲渡、共同地の奪い取り、封建的および氏族的所有の近代的私有への転化、これらをもって土地を資本に合体させ、都市工業に必要なプロレタリアートが多数生み出されたのだ。

読み解き

第24章　いわゆる本源的蓄積①

資本主義社会は暴力の歴史の上に成り立っている！

資本家は最初からお金持ち？

資本主義社会では、まず貨幣があって、それを資本として投資し、剰余価値をつくり出す。そしてその剰余価値をまた新たに資本として投資して……といった流れが、らせん状に続いていく。この章の冒頭でマルクスは、その出発点となった最初の貨幣はどこからきたのか、という点を考察している。

資本主義初期の資本家は、最初から資本にできるほどの貨幣をもっていた。逆にいえば、資本主義社会ではなかったころからお金をもっていた人間が、最初の資本家として成り上がっていくわけだ。では彼らのお金はどこからきたのか？

マルクスはその答えをズバリ明かしている。最初の資本家にあったお金は、「征服、圧制、強盗、といった暴力」によって得たものだ、というのだ。

ヒツジに食べられた農民たち

資本主義社会が成立したのは、封建社会が崩壊したからだ。それまで土地に縛られていた農民は自由を勝ち取ったが、同時に土地も奪われて大量の低賃金労働者が生まれたと、マルクスはいう。ここでマルクスが出す例はイギリスの農民たちだ。14世紀末の彼らは封建社会の農奴制から解放され、自分の土地でつくった生産物で家族を養っていた。ところが15世紀に入ると、ヒツジの毛の需要が高まってくる。大地主はそれで大儲けしようと、農耕地をヒツジを養育する牧場に変えていったのだ。

当然農民も土地から追い出される。スコットランドでは、わずか6年間で、約1万5000人の農民が土地から追い出され、家を奪われていった。まさに征服、圧制、強盗だ。

こうして追い出された農民たちは、都市に出て工場労働者になるか、国や資本家に略奪された土地に引き戻されて農耕労働者になるしかなくなった。

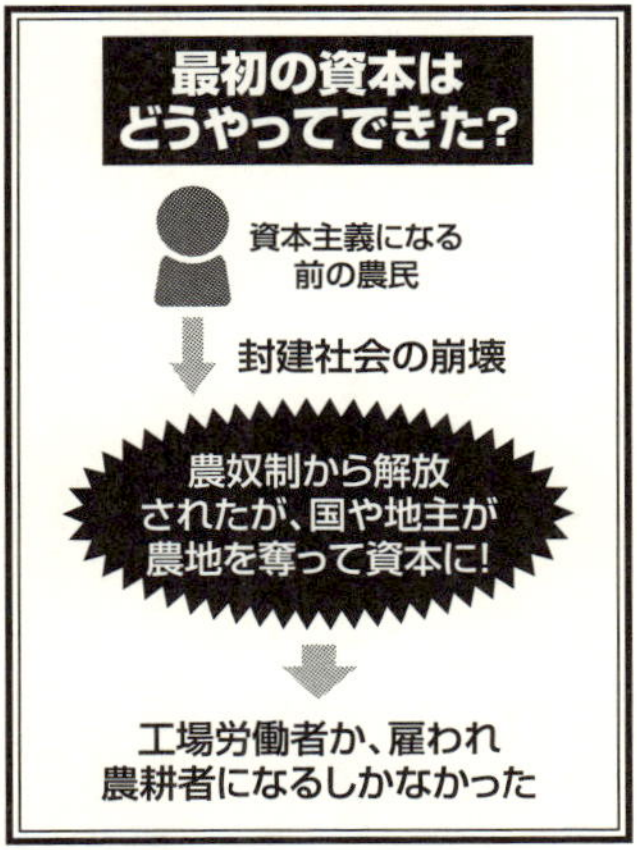

最初の資本は
どうやってできた?
資本主義になる
前の農民
封建社会の崩壊
農奴制から解放
されたが、国や地主が
農地を奪って資本に!
工場労働者か、雇われ
農耕者になるしかなかった

あらすじ

第24章 いわゆる本源的蓄積②

国家は資本家にどうふるまったの？

土地を奪われ、農村から都市に追われたプロレタリアートたちだが、資本主義生産体制は彼らを全員受け入れるほど十分に発展していなかった。あぶれた労働者たちは、浮浪者や盗賊などになった。15世紀末から16世紀を通じて、彼らを取り締まり、強制的に労働させる「血の立法」が成立した。

１５３０年、働ける浮浪者は、ムチ打ちと拘禁で労働につくことを誓わされた。再度、浮浪罪で捕まれば、ムチ打ちと耳を切り落とす刑。3回目は死刑に処される。法律はさらに「進化」した。１５７２年、浮浪者はムチ打ちと烙印。再犯の場合、2年以上雇おうとするものがなければ死刑。3回目は容赦なく死刑。

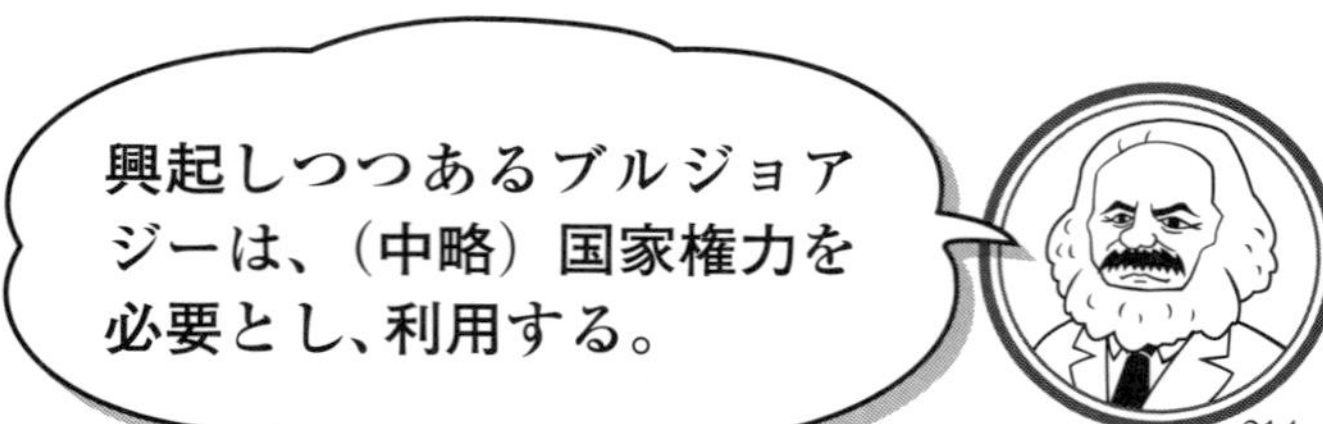
興起しつつあるブルジョアジーは、（中略）国家権力を必要とし、利用する。

これらの法律は、18世紀の初期まで有効だった。ほかにも、労働賃金の上昇を制限する法律もあった。それは「法外」に高い賃金を支払う側よりも、受け取る側のほうをより重く罰するものだった。これはこの法律の資本家寄りの性格をよく表わしている。労働組合の結成とストライキは違法。とくにストは、特別刑法のもとに、判事の資格をもつ資本家自身によって裁かれた。

16世紀末のイギリスには、「資本家借地農業者」という一階級がいた。しばしば99年にもわたる長期の契約で土地を借り、労働者を雇って農業を営んでいたのだが、インフレにより農産物価格が上昇し、土地代との差額が資本蓄積の元本となった。

資本はやがて国内の市場をも整備する。農村は農業のかたわら、家内工業で必要なものを生産していた。それがいまや資本家の手に生産手段が握られ、多数の労働者を雇う工場で生産される。手工業生産物は商品として工場で生産され、ほかならぬ農村自身が販売市場となる。そうして国内市場が整備される。

読み解き

第24章　いわゆる本源的蓄積②

国も資本家の味方？労働者を血まみれにした歴史！

働かないと死刑になる法律

土地から追い出された農民たちの大半は、浮浪者や盗賊になってしまった。このころは資本主義もまだ十分に発達していなかったので、すべての労働者を雇うだけの仕事がなかったからだ。

すると働かない人を取り締まる法律ができた。それはまさに暴力そのもの。マルクスの挙げた例によると、16世紀初めの法律では、働かない浮浪者には、体から血が出るまでムチ打ちをして拘禁する。2回目に捕まれば、耳が半分切り落とされる。3回目にもなれば死刑だ。こうして厳しい罰則を設けることで、強制的に安い給料でも働くことを国家レベルで誓わせるのだった。

資本家に好都合の国づくり

国は資本家を守るために法律をつくったということを、マルクスはここで示している。資本家が富を得ていくことは、自国の経済成長につながるからだ。

　それらの法律も役立ってか、浮浪者たちを強制的に労働者として駆り立てることはできたが、その分人件費が多く必要になる。そうなると資本家の利益は減ってくる。

　すると国家は労働者に支払われる給料の上限を決めた法律をつくった。しかも上限を超えた給料を支払ったほうも悪いが、受け取ったほうはもっと重罪を科した。まさに資本家を守るための法律だ。

　それなら労働者はストライキを起こせばいい。しかし国はやはり先手を打っており、ストライキ禁止の法律もつくっていたのだ。

　マルクスが記した恐ろしい世界と現代社会をくらべてみよう。フリーターやニートは死刑になるどころか捕まることもない。給料に上限などあるはずもない。それどころか最低賃金も保証されているし、ストライキする権利だって憲法で認められている。資本主義で豊かになった社会の過去には、このような恐ろしい事実があることを忘れてはいけない。

国の援助で資本主義が拡大する

工場の給料では生活できず、農民たちは浮浪者や盗賊になる

↓

働かなければ、ムチ打ちや死刑

↓

上限を超える給料をもらうのも、重い罰が与えられた

↓

資本主義が拡大する

あらすじ

第２４章　いわゆる本源的蓄積③

資本主義の未来には何が待っているの？

資本主義的な生産体制が整う前の中世にも、資本的なものがあった。高利貸し資本と商人資本だ。それらは農村での封建制と都市での同職組合制度で守られていた。やがて農村での土地の収奪と都市への賃金労働者の駆逐により、産業資本家が現われる。

加えて、アメリカ大陸における金銀鉱山の発見、原住民の奴隷化、東インドの征服と略奪などによって、資本主義的生産が開始された。オランダは世界各地に植民地をつくり、血みどろに染め上げていった。例えば東南アジアのある地方では、１７５０年代に８万人の住民を数えたのだが、１８１１年には８０００人に減っていた。奴隷にする人間収奪が行なわれたのだ。

資本は頭から爪先まで、
毛穴という毛穴から、
血と脂とを滴らしつつ

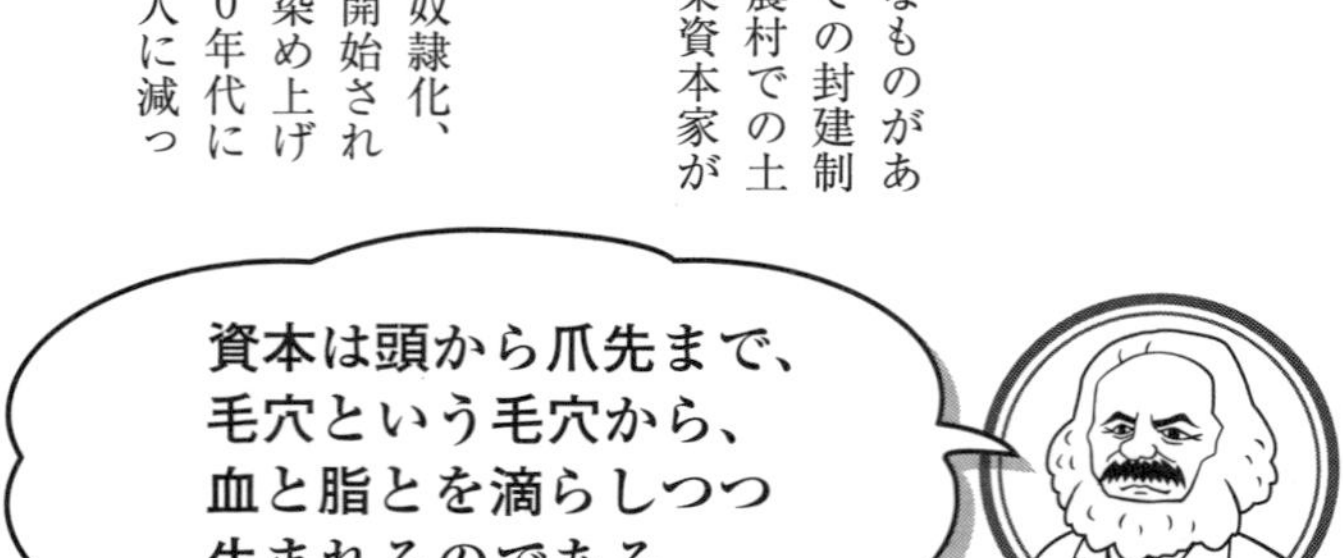
生まれるのである。

ヨーロッパの外で強盗殺人やそのほかの暴力によって得られた財宝は、母国に帰って資本に転化された。国内では国債、株式会社、各種有価証券取引など、公信用制度が、本源的蓄積を強力に後押しした。大量に発行された国債は、増税をともなった。

資本の本源的蓄積は、別のいい方をすれば、直接生産者、すなわちみずからの労働でもって生産物を所有する生産形式が破壊されていくことだ。それ以前は、生産用具をもつ小経営者や土地をもつ自営農民がいた。そうした個人的で分散的な生産手段が、資本によって社会的に集められる。多くの人の小さな所有から、少ない人の大きな所有へと変わっていった。その動因ももちろん暴力だ。

資本の集中は、やがて資本家が資本家を収奪していく結果をもたらす。資本が大きくなるのと同時に、労働者階級の反抗も増大する。やがて資本主義は資本主義自体を否定する。資本主義的に生産手段や土地が私有される形式は、社会的所有に変化する。社会的所有とは、土地と生産手段の共有に基づく私有のことだ。

読み解き

第24章　いわゆる本源的蓄積③

増えていった労働者はやがて生産手段を奪い返す

資本家になるのは早い者勝ち！

資本家が成り上がっていったのは、これまで解説したように、征服、圧制、強盗、といった暴力で資本を増やしていったからだ。そしてそれを生み出したきっかけが、封建制度の崩壊だとマルクスはいう。ここでマルクスはまたしても農民の例を出してくる。

封建制度がなくなると、農奴として使われていた農民は自由になったので、誰でも資本家になれるチャンスがやってくる。なかでもチャンスをものにしていったのは借地農業者たちだ。借地農業者とは、地主から土地を借りて農業経営をしている人たちのこと。彼らが地主から借りている土地のレンタル料は、長期契約なので変動しない。

そのうえで農業生産物の値段が高くなると、利益を得られる幅も広がる。そして彼らはほかの土地を制圧して領土を拡大し、安い給料で労働者たちに圧制を敷きながら資本家として成り上がっていく。要するに、先の展望を読んでいち早く土地を借りた者たちが勝ちあがっていったのだ。

マルクスが見る資本主義の末路

この章の最後でマルクスは、資本主義の未来を予言している。やがて強い資本は弱い資本を相手に、吸収・合併をくり返し、国境を越えて資本を巨大化させていくといっているのだが、見事に的中している。マルクスは100年以上も昔から現代社会をのぞいていたわけだ。予言はまだ続く。

どんどん広がる資本のらせん軌道は、労働者の数も増やしていく。それは労働者にも力を与えていくということ。やがて労働者たちの力は爆発して革命が起こる。今度は資本家が労働者たちからむしり取られるのだ。つまり、膨れすぎた資本は労働者たちによって社会化される。みんなに振り分けられると考えたらいいだろう。その究極の形が共産主義というわけだ。これが『資本論』のクライマックスにあたる。

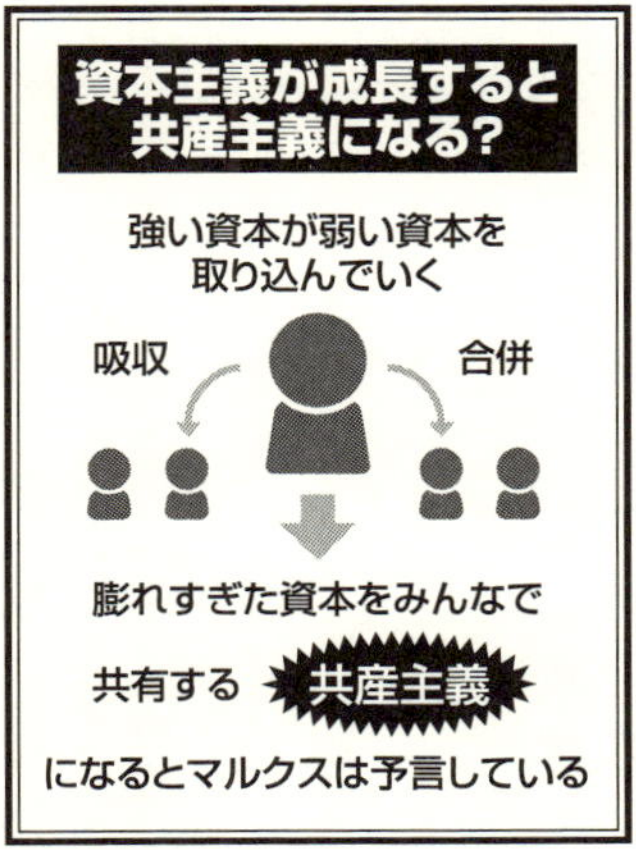
資本主義が成長すると
共産主義になる?
強い資本が弱い資本を
取り込んでいく
吸収
合併
膨れすぎた資本をみんなで
共有する
共産主義
になるとマルクスは予言している

あらすじ

第25章　近代植民理論

新大陸アメリカではどうだったの？

資本主義的生産は、賃金労働者を再生産するのみならず、資本の蓄積に比例して、より多くの賃金労働者をつくり出す。その結果、労働人口が増えるので、賃金も一定以下に保たれ、資本家に対する労働者の社会的依存が保障される。

このことは新大陸アメリカを見ていくと、よくわかる。

ここではかつて、直接生産者が多く、賃金労働者が不足していた。直接生産者とは、道具や機械などの生産手段をもち、自分の労働によって、資本家ではなく自分自身を豊かにしている生産者だ。生産手段と生活に必要なものは、直接生産者の持ち物になっている限りでは、資本ではない。

資本主義的私有は、自己の労働にもとづく私有の破壊、すなわち、労働者の収奪を条件としている。

直接生産者が多く、賃金労働者が少ないアメリカでは資本主義が起こらなかった。広大なアメリカでは、住民は安く土地を手に入れることができる。彼らは家をみずから建て、家具をつくり、生産物を市場で売る。労働力を売って、必要なものを商品の形でお金と交換して手に入れるしかない労働者ではなかった。

アメリカに賃金労働者がいないわけではない。が、その数は少ないうえに、不規則だ。彼らは賃金労働でお金を手に入れると、簡単に土地を買い、独立した農民になるからだ。職もいくらでもある。なかにはお金を貯めて資本家になる者さえ出てくる。

やがて大量の移民が新大陸の東部にあふれ出す。また南北戦争で政府は大量の国債を発行し、国民に重税を課した。ほかにも金融業の発展などで、資本の急激な集中が実現した。こうしてこの国は、移住する労働者にとっての天国であることをやめた。このことでわかるのは、資本主義の開始と発展には、国家の暴力的な援助と、大量の賃金労働者が必須だということだ。

読み解き

第25章　近代植民理論

貧乏な労働者をつくらないと資本主義は始まらない

資本主義が興らなかった国

前の章で、資本主義が発展を続けると資本家から資本が収奪され、やがては社会化する、という結論が出た。さらに『資本論』には、もうひとつの章がある。それがこの第25章。ここでマルクスは、植民地時代のアメリカの話を出してくる。当時のアメリカにはなかなか資本主義が興らなかったので、その原因を突き止めることで逆に、資本主義の本質を見出そうとしたのだ。

アメリカの住民たちは、みんな自分のものは自分でつくるほとんど自給自足に近い生活をしていたので、商品を売買する必要がなかった。それに加えて広大な土地がある。安く土地が手に入るので、資本家のもとでがむしゃらに働く必要もない。だからヨーロッパの移民がいくらアメリカに機械や労働者をもち込んだとしても、簡単に資本主義は根付かなかった。

収奪が資本主義社会の本質

そこで行なわれたのが、土地を取り上げることだ。移民を大量に増やしながら彼らを組織して、一定の労働をしないと土地をもてない制度をつくった。さらには南北戦争の影響で重い税金が課せられるようになり、やがてはアメリカにも資本主義が根付いていく。マルクスはここで、アメリカは移住する労働者にとっての天国ではなくなった、といっている。

ここからわかるように、資本主義を成立させるには、個人の労働と個人の私有を収奪する必要がある。植民地では資本主義が世界を蝕んでいく過程が、現在進行形で進んでいる。こうして資本主義の収奪が世界の隅々まで行き渡ると、次は収奪してきた資本家が収奪される段階がくるのだという。資本主義の崩壊だ。しかしそれが起きるのは、資本主義の高度な発展があってこそ起こるとしている。マルクスはその先の社会をどう構築するか、という問題を提示したところで筆を置く。

資本主義は収奪に始まり、収奪に終わる

もともと自給自足をしていた民族の土地を奪うところから、資本主義は始まる

↓

土地を奪われた人たちが労働者になり、資本主義の発展によって数が増える

↓

労働者の力が強くなり、資本家を収奪するようになる

↓

資本主義の終焉

その後の『資本論』

マルクスの死後、彼のノートをもとにエンゲルスがまとめあげた2巻、3巻を紹介。経済理論はより精緻《せいち》なものに磨き上げられる。『資本論』全巻での衝撃の結論、その正否やいかに？

第2巻　資本の流通過程

序文（エンゲルス）
第1篇　資本の諸変態とそれらの循環
第2篇　資本の回転
第3篇　社会的総資本の再生産と流通

第3巻　資本主義的生産の総過程

序文(エンゲルス)

第1篇　剰余価値の利潤への転化と剰余価値率の利潤率への転化

第2篇　利潤の平均利潤への転化

第3篇　利潤率の傾向的低下の法則

第4篇　商品資本および貨幣資本の商品取引資本および貨幣取引資本への転化(商人資本)

第5篇　利子と企業者利得とへの利潤の分割。利子付資本

第6篇　超過利潤の地代への転化

第7篇　諸収入とその諸源泉

あらすじ

第2巻　序文

マルクス死後も、どうやって『資本論』はできたの？

この『資本論』第2巻、第3巻は、カール・マルクスが死亡したあとにできたものだ。マルクスは大量のノートやメモを残しており、それらはほとんど理論的には仕上げられていたのだが、文章的にはまったく仕上げられていなかった。

周到に準備されていたそれらの断片を集めて、できるだけマルクスの意図に反しない形で再編する。マルクスが出した資本主義理論の答えに手を入れるのは、できる限りひかえた。しかしマルクスのメモは書かれた時期もバラバラなので、多少は矛盾した記述がないわけではない。

一方で脈絡の通ったできるだけ完結した著作、しかし他方では編集者の著作ではなく、もっぱら著者の著作として作成する。

マルクス経済学の最大の発見は、剰余価値だ。経済学者のロドベルトゥスは、マルクスに自分の発見を盗作されたといっているが、両者は違う。ロドベルトゥスは生産物から労働者の給料を抑えたら剰余価値が生まれるといっているが、これは物が燃えるのは燃素という物質があるからだ、といっていることに等しい。

それに対してマルクスの発見は、物が燃えるのは酸素があるからだ、という正しい発見をした。物が燃えるのは何かの要素がある。ロドベルトゥスはそれを発見して誤った答えを出したが、マルクスは正しい答えを出したということだ。マルクスの発見は従来の経済学者の考えを一掃するものになる。

まず労働とは、商品の価値の尺度。そして、労働の量によって利潤は生まれる。利潤については第3巻でくわしく語る。この第2巻と第3巻は、マルクスの最終成果を展開するものだ。これが刊行されたあとは、ロドベルトゥスを筆頭にする経済学者たちの意見は、問題にもならなくなるだろう。

読み解き

第2巻　序文

マルクスが残したメモ書きを元に編集された本

親友の手によって書かれる

『資本論』の第2巻はマルクスによって書かれたものではない。マルクスの親友だったエンゲルスによって書かれたものだ。

その序文部分は、大きく分けると2つの要素で構成されている。まずエンゲルスは編集者として、マルクスが残した大量のノートやメモをどのようにまとめあげたのか、ということだ。第1巻はマルクス自身の手によって直接書かれたものなので、できるだけ第1巻の構成や編集方法に従ってまとめていきたい、といっている。

ただマルクスは、『資本論』を完成させるために、何度も理論を改善したり、研磨したりしている。それらはマルクスが残したメモ書きに散らばっているので、調整することが難しく、多少は稚拙な部分があるかもしれない、ということもエンゲルスは弁明している。

パクリ疑惑を一刀両断

続いて経済学者のロドベルトゥスが剰余価値論について、マルクスに自分の説を盗作されたといっていることについての批判が書かれている。ここが第2巻の序文の半分以上を占める部分だ。エンゲルスは、ロドベルトゥスの訴えを、物が燃える現象のたとえ話で一刀両断している。

ロドベルトゥスの説は、投資してできた生産物から人件費を抑えて浮いた部分が剰余価値になる、というものだ。これに対しエンゲルスとしては、ロドベルトゥスは「物が燃えるには燃える物質がある」という概念的な部分は発見したが、マルクスは「その物質は酸素だ」という明確な答えを出したという。

このあとエンゲルスは、マルクスがいかに大きな発見をしたか、という部分を長々と書き連ね、第1巻の内容を軽くおさらいしたのち、2巻、3巻が発表されることで、それまでの経済学者の価値観がガラリと変わることを示唆している。

1920-95。マルクスの親友であり、最大の理解者だった

あらすじ

第2巻　本論

資本は社会全体でどのように流通しているの？

資本はつねにその姿を変えながら流通している。貨幣Gで商品Wをつくって、それを売って貨幣Gにするのが資本の生産過程「G→W→G」の定式だが、初めの「G→W」のとき、単純に、商品が売り手から買い手に渡るわけではない。貨幣資本は商品という資本に変化して、買い手の手元に残る。

買い手として市場に登場した資本家は、購入した商品Wから新たな貨幣を生むために、生産的に消費する。その動きを考慮してさらに細かく表わすと「G→W…P…Wx→Gx」となる。Pは商品Wの生産的消費。それを間に挟むことで、最初の商品Wよりも価値ある商品Wxができあがり、貨幣Gに剰余価値 xを加える。

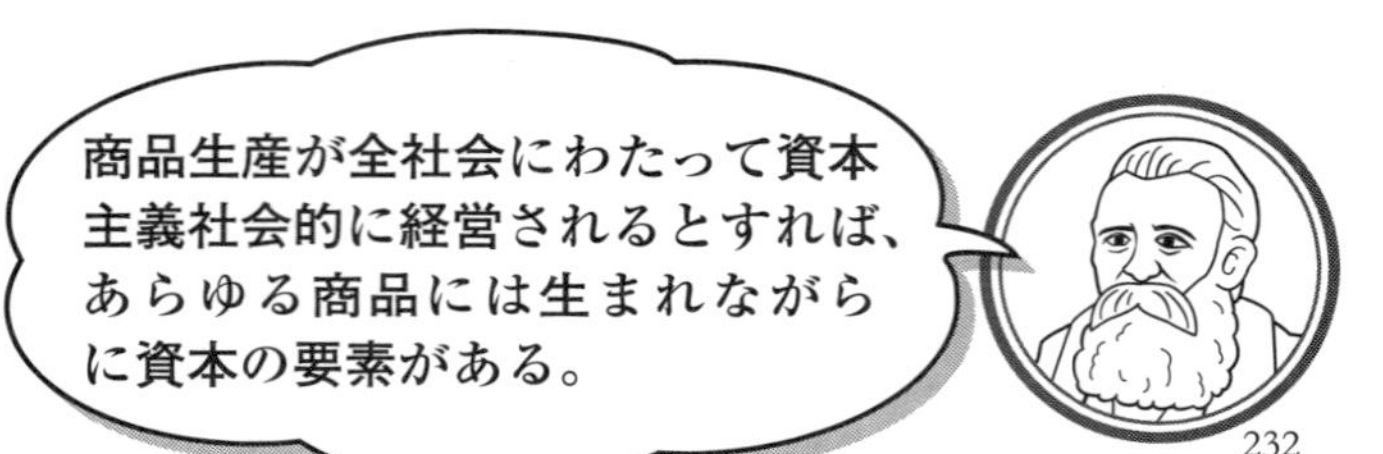
商品生産が全社会にわたって資本主義社会的に経営されるとすれば、あらゆる商品には生まれながらに資本の要素がある。

ここでいうPには、最初の「G→W」のWに、労働者の労働力Aと、機械などの導入による生産手段Pmが加えられている。

つまり「G→W…P…Wx→Gx」の定式をさらに細分化すると、「G→W…P（A・Pm）…Wx→Gx」となる。資本はこうした式を踏まえたうえで循環を続けている。

周期的に資本が循環することを「資本の回転」という。資本の回転は、商品の生産時間に流通時間を足して表わされる。それらは、流動資本、固定資本によって変化する。流動資本とは、原材料や労働のように価値が商品に入り込む資本のこと。固定資本とは直接入り込まないもの。つまり工場の土地や機械などの資本だ。

固定資本と流動資本によって、資本家たちがもっている資本はつねに回転を続けている。

個人個人の資本家が資本の回転を行なうことで、すべての要素がたがいに絡み合い、ひいては資本主義社会全体でも資本の回転が行なわれていることになる。

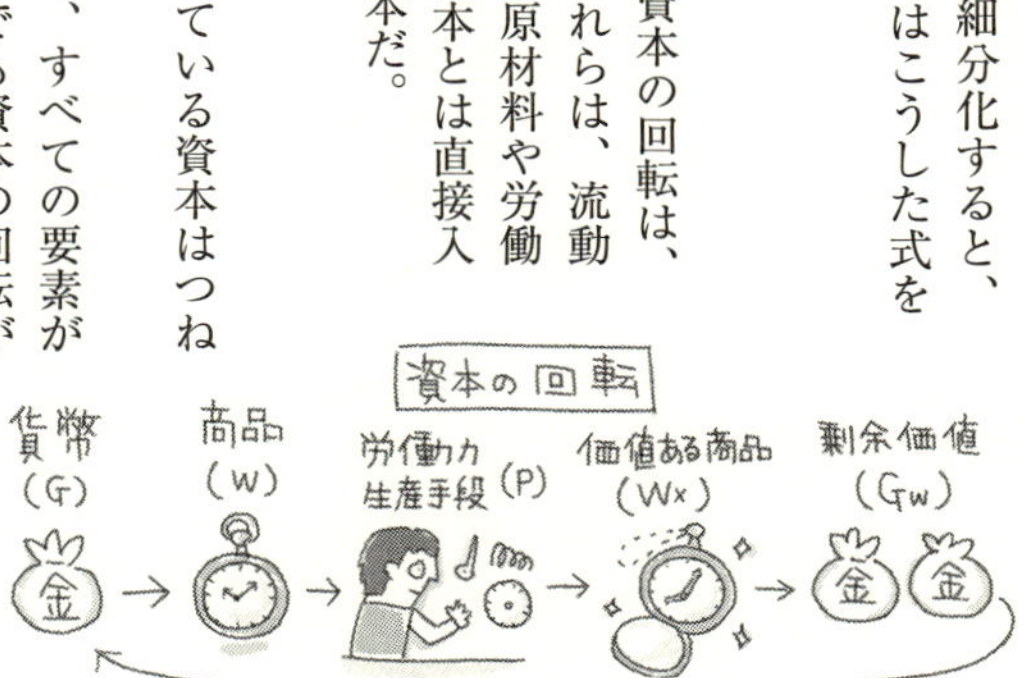

読み解き

第2巻　本論

市場を流れる資本は資本主義社会の血液そのもの！

資本は姿を変えながら流通

第1巻では資本の生産過程が述べられたが、第2巻では資本の流通過程が述べられる。その基本概念になるのが次の3つの段階だ。

第1段階は、資本家が貨幣Gを商品Wに転換すること。たとえば、お金Gを使ってボールペンWの材料を買うことだ。ここまでを定式にすると「G→W」。

市場にあったボールペンWの材料は、流通面から生産面へと移行する。材料は市場で流通していた商品から変化し、別の商品をつくり出す素材として新たな資本になる。これをPとして、「G→W」の次に置く。Pを挟むことでボールペンの材料Wはまったく別の商品Wxをつくり出す。これが第2段階だ。

ボールペンは新たに流通過程に入り、値段をもち、売れることでGxとなる。これが第3段階。

3つの段階を定式で表わすと「G→W…P…Wx→Gx」。貨幣資本は一度商品資本になり、生産段階を踏まえて新たな商品資本になり、それが貨幣資本として戻ってくる。

Pでは労働力Aと、機械や道具などにあたる生産手段Pmが加えられてWxをつくり出すので、厳密な定式では「G→W…P（A・Pm）…Wx→Gx」となる。

個々の資本の回転が基盤

これをくり返すことで資本は貨幣、商品に姿を変えながら市場を循環している。これをマルクスは「資本の回転」と呼んだ。

貨幣Gxを得るためには商品Wxを流通させなければならない。そして今度は別の資本家がそのWxを、定式の最初のWとして貨幣Gで購入する。WxをWとして購入してもらうまでの時間を流通時間。商品Wxをつくるまでの時間を生産時間と呼ぶ。

資本主義社会はこうして、個々の資本家が行なう資本の回転が複雑に関連しあって成り立っているのだ。

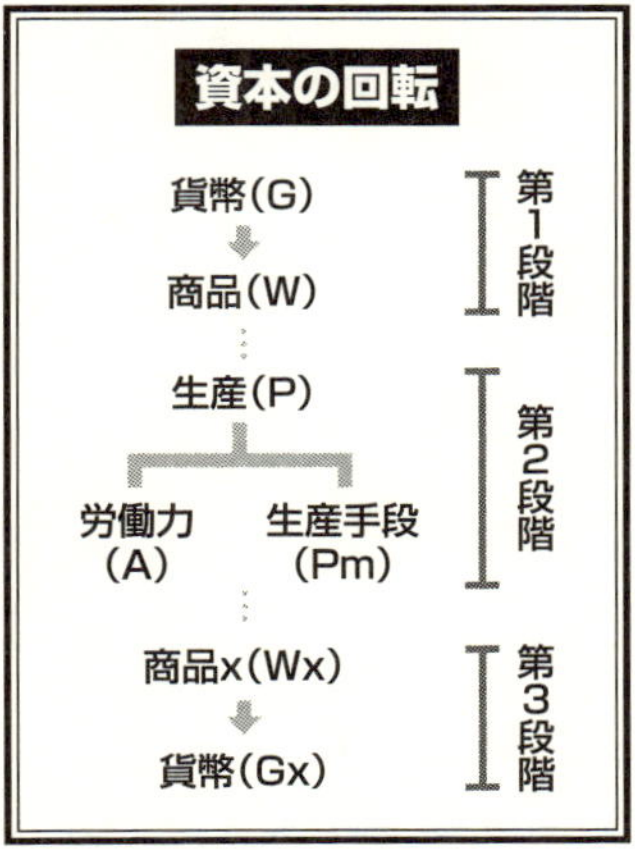

第3巻　序文

最終巻の第3巻はどうやってできたの？

カール・マルクスの死後、『資本論』第2巻は2年で刊行できたが、第3巻はそこからさらに9年もかかってしまった。第3巻の刊行は2巻と同じく、編集上に難しいことがあるだろうと思っていたが、まさかここまで遅れることになるとは考えてもみなかった。その理由には、視力の低下など体調による影響もある。

それにマルクスの昔の著作の改訂や翻訳など、新しい研究を必要とする仕事や、ここ10年で増加してきた国際労働運動にともなう活動など、断わることができない仕事が増えてきたことも第3巻の刊行が遅れた理由になる。マルクスが死んでからは、増大する仕事がすべて自分ひとりにのしかかってきたからだ。

何よりもまず、その利用しようとする書物を著者が書いた通り読むことを（中略）学ばなければならない。

また、第3巻を刊行するためのマルクスの原稿は、欠けたところや説明の足りない部分が多い、最初の草案だけしかなかった。第1篇は草案から編集したが、第4篇はタイトルしかなかったので、そこは自分で書き上げるしかなかった。いちばん苦労したのは第5篇で、草案すらなかった。

ところで第2巻の序言で、マルクスがロドベルトゥスの説を盗作したということについて反論したが、その際、「剰余価値は人件費など可変資本の大きさに比例するが、投資額の大きさに比例して利潤を得ている現実との矛盾を説明できる人がいるか」と呼びかけたところ、多くの経済学者から回答が寄せられた。

レクシス、シュミット、ファイアマンといった経済学者たちはすぐれた回答を出してきた。しかしヴォルフ、ローリアといった経済学者たちは、マルクスの理論をまったく理解しておらず、虚構のものだといって反論してきた。結局正しい答えを出して問題に接近できたのは、マルクス学派だけだった。

読み解き

第3巻　序文

苦心の末に刊行された最終巻はマルクス学派なら納得の内容！

刊行まで11年もかかった理由

『資本論』第3巻の序文も、第2巻と同じく、本編の内容にはほとんど触れていない。まず冒頭部分には、第3巻の刊行遅延に関する申し訳が書かれている。第3巻はマルクスが死んでから11年もの年月がたって、ようやく刊行された。それだけの時間がかかってしまった原因は、エンゲルスの体調悪化が大半を占めている。第2巻の刊行時点でエンゲルスは64歳。第3巻の刊行時点で73歳。かなりの老体だ。

それにあわせて、第3巻の草案には不十分な点が多かったということが、エンゲルスをさらに苦しめた。マルクスは実際のところ、1865年の時点で第1巻から第3巻分の原稿まで着手していたのだが、1867年に一部分を第1巻として出したあと、死ぬ直前まで第2巻分の改稿を続けていた。そのため、第3巻分はほとんど手つかずだったのだ。そのことがここの冒頭で釈明されている。

マルクス経済学を理解すればよい

残りの部分は、第2巻の序文で、エンゲルスが経済学者たちに出した問題について、長々と書き連ねられている。その問題とは、マルクスが提示した剰余価値が生まれる法則をそこなわず、投資額に比例して利潤が生まれる価格の運動を説明できる人がいるか、というものだった。

ここでエンゲルスは明確な答えを出していない。ただ、それに対して、誰がすぐれた回答を出してきて、誰がいわゆるケチをつけてきたか、ということを序文の半分以上を使って述べている。ケチをつけてきた経済学者に対しては、俗流経済学者の空論と批判し、すぐれた回答を出してきた経済学者に対しては、たとえマルクス学派でなくても、俗流経済学者を装ったマルクス主義者として賞賛している。そして第3巻は、そんなマルクス学派なら納得できる内容だと断言して、序文を結んでいる。

第3巻刊行まで

- 1844年　マルクス、経済学の研究開始
- ↓
- 1867年　第1巻刊行
- ↓
- 1883年　マルクス逝去
- ↓
- 1885年　第2巻刊行
- ↓
- 1894年　第3巻刊行

第3巻　本論

利潤を転がす資本主義は労働者も転がしている！

商品Wの価値は、生産手段cと労働力を雇い入れるための人件費である可変資本v、そして剰余価値mで決まる。これを定式で表わすと、「W＝c＋v＋m」となる。ここでの「c＋v」の部分は、資本家の投資部分で、剰余価値mを生み出すための準備費用。つまり「W＝c＋v」だと資本家にとってプラスにはならない。

だからこそ「W＝c＋v＋m」の式は、「商品＝費用価格＋剰余価値」と置き換えることができる。商品の売上げの中には、労働者の給料や土地代、原材料費なども入っている。その商品の売上げを出すためにかかった費用（前貸し総資本「c＋v」）をのぞいたものが利潤になる。

この巻で展開される資本の諸態容は、社会の表面に表われ、(中略)生産者自身の意識に表われる形態に一歩一歩近づくのである。

剰余価値を単に利潤と呼ぶことはあるが、第1巻でも触れたように、剰余価値率と利潤率は違う。剰余価値率は、剰余価値を可変資本、つまり人件費で割ったもの。利潤率は、それを生み出すためにかかった総資本で割ったもの。この2つは同じ大きさのものを、違う資本で割ったものにすぎない。

資本家は利潤率を高めていきたいのだが、資本主義社会が高度になっていくにつれて、利潤率はどんどん減少していくという不思議な現象が起こる。人件費に割く部分を固定したとして、高い機械をどんどん購入していけば、必然的に必要な総資本も増えるためだ。これを防ぐための手段のひとつが、人件費の削減だ。

古典派経済学者は、「資本家が利潤や利子を生み出し、それで地主が土地代をまかない、労働者がその土地で資本をつくる、という三位一体の関係にあり、それぞれの源泉は別々に成り立っている」という。だがいずれの源泉も、実際は労働者が生み出した剰余価値なので、この説は労働者からの搾取《さくしゅ》を隠蔽する。

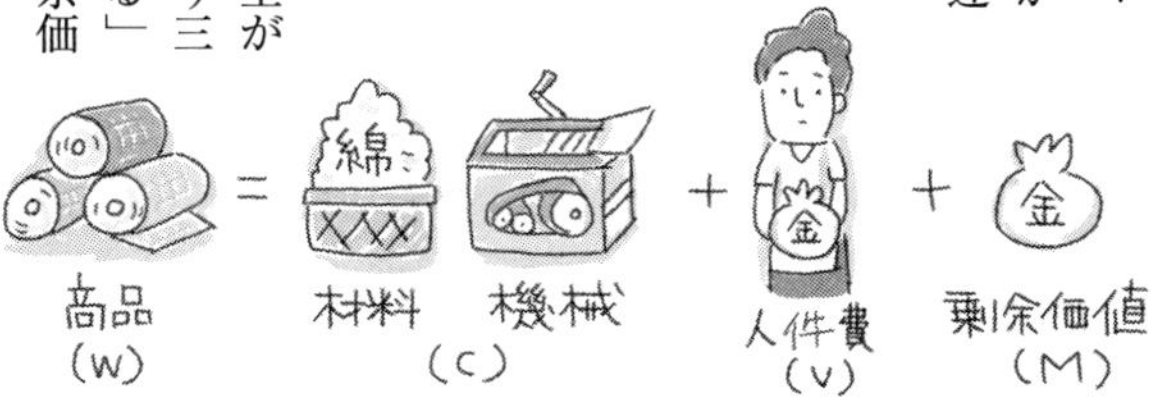

読み解き

第3巻　本論

資本主義が発展するほど利潤率が下がっていく

利潤は剰余価値からの転化物

第3巻の根幹は資本が生み出す利潤についてだ。マルクスがいう利潤とは、資本家が商品生産に投資して生み出された剰余価値が転化したもの。そういう意味では剰余価値と利潤は同じということになる。

しかし剰余価値率と利潤率が違うことは、第1巻でも出てきたとおり。剰余価値率は剰余価値を人件費で割ったもの。ピンハネ率ともいえる。利潤率はそれを生み出すためにかかった総投資額で割ったもの。同じ剰余価値（利潤）を割ったものに違いないが、利潤率が剰余価値率を上回ることはけっしてない。

結局、労働者が苦しむ

恐ろしいことに、利潤率は資本主義社会が進展するたびに減っていくという。これを「利潤率の傾向的低下の法則」と呼ぶ。

資本主義社会が発展していくということは、企業がより高性能の機械を入れていくことだ。当然それらにはお金がかかる。

投資額が増えると、剰余価値÷総投資額で算出される利潤率は下がる。もちろん機械の導入は、剰余価値も増やすことになるという反論もあるので一概にはいえない。マルクスはこの減少を防ぐために、結局人件費のほうが削減されるとしている。

また3巻の最後でマルクスは、昔の経済学者が唱えた資本の三位一体説を完全に否定している。ここでいう三位一体説とは、資本から出た利潤が土地代となり、その土地で労働者が給料をもらって資本をつくるため、おたがい支え合っているというものだ。

しかし実際は、支え合っているどころか、労働者から搾取《さくしゅ》した剰余価値のおかげですべてが成り立っている。

この説が浸透した原因こそ、第1巻の冒頭に出てきた商品の物神礼拝（フェティシズム）にあるとして、資本主義社会の根本を批判しながら『資本論』は完結する。

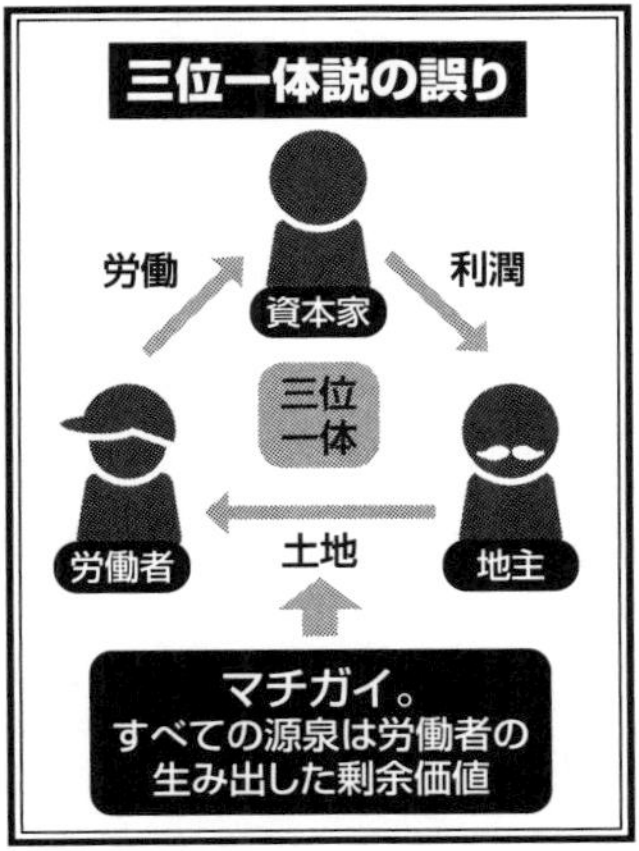

参考文献

『超訳「資本論」』的場昭弘 著（祥伝社新書）
『資本論入門』宇野弘蔵 著（講談社学術文庫）
『資本論〈1～9〉』マルクス 著、エンゲルス 編、向坂逸郎 訳（岩波文庫）
『図解 これならわかる！ マルクスと「資本論」』木暮太一 監修（青春出版社）
『「資本論」第2・3巻を読む〈上〉〈下〉』宮川彰 著（学習の友社）
『経済のこと よくわからないまま社会人になってしまった人へ』池上彰 著（海竜社）
『名著誕生1 マルクスの「資本論」』フランシス・ウィーン 著、中山元 訳（ポプラ社）

◎単行本　２０１０年12月　イースト・プレス刊

文庫ぎんが堂

あらすじとイラストでわかる
資本論

2012年6月11日　第1刷発行
2020年11月20日　第3刷発行

編著　知的発見！探検隊

ブックデザイン　タカハシデザイン室
本文イラスト　イマイフミ・池田悠高
本文執筆　菅野秀晃・薮内健史
編集　株式会社クリエイティブ・スイート
　藁谷浩一
本文デザイン　小河原徳（C-S）

発行人　北畠夏影
発行所　株式会社イースト・プレス
〒101-0051　東京都千代田区神田神保町2-4-7　久月神田ビル
TEL　03-5213-4700　FAX　03-5213-4701
http://www.eastpress.co.jp/
印刷所　中央精版印刷株式会社

ISBN978-4-7816-7072-0

文庫ぎんが堂　創刊の言葉

——読者の皆様へ

夜空に輝く金と銀の星たち。その一つひとつが、それぞれの個性で輝き続ける。どの星も創造的で魅力的。小さいけれど、たくさん集まれば、人びとの頭上にきらめく銀河の悠久の流れになるのではないか。

そんな夢想を現実化しようと「文庫ぎんが堂」の創刊に踏み切りました。読者のみなさんの手元で輝き続ける星たちを、そして、すべての方の人生に新たな光を与える書籍を刊行していきたいと願っております。

——出版社および著者の方へ

「文庫ぎんが堂」は、イースト・プレスの自社刊行物にとどまらず、読者評価の高い優れた書籍ならすべて、出版権者、著作権者の方たちとの共同事業方式による文庫化を目指します。私たちは「オープン文庫」とでも呼ぶべきこの新しい刊行方式によって出版界の活性化に貢献しようと決意しています。

ご遠慮なくお問い合わせくだされば幸いです。

イースト・プレス代表　小林 茂